3 ESTIMU... PARA N... SÍNDROME DE DOWN

MANUAL DE DESARROLLO
DEL LENGUAJE

3 ESTIMULACIÓN TEMPRANA PARA NIÑOS CON SÍNDROME DE DOWN

MANUAL DE DESARROLLO DEL LENGUAJE

Milagros Damián

EDITORIAL TRILLAS

México, Argentina, España
Colombia, Puerto Rico, Venezuela ®

Catalogación en la fuente

Damián Díaz, Milagros
    Estimulación temprana para niños con síndrome de
Down 3 : manual de desarrollo del lenguaje. -- México :
Trillas, 2002.
        300 p. : il. ; 23 cm.
        Bibliografía: p. 291-292
        ISBN 968-24-6591-5

        1. Mongolismo. 2. Niño, Estudio del. 3. Niños -
Crecimiento. I. t.

    D- 155.452'D326ml   LC- RJ506.D68'D3.52

Derechos reservados
© 2002, Editorial Trillas, S. A. de C. V.,
Av. Río Churubusco 385, Col. Pedro María Anaya,
C.P. 03340, México, D. F.
Tel. 56 88 42 33, FAX 56 04 13 64

División Comercial, Calz. de la Viga 1132, C.P. 09439
México, D. F., Tel. 56 33 09 95, FAX 56 33 08 70

Miembro de la Cámara Nacional de la
Industria Editorial, Reg. núm. 158

Primera edición, agosto 2002
    ISBN 968-24-6591-5

Impreso en México
Printed in Mexico

Índice de contenido

Nivel 5. De 48 a 60 meses

Introducción

En primer lugar reconozco y agradezco la participación que tuvo en la realización de este volumen la psicóloga Rosario Barriga Castillo. Sin su ayuda el presente manual carecería de ideas ingeniosas.

La importancia que tiene un manual de estimulación temprana radica en su utilidad al enseñar paso a paso y de manera secuencial (de lo fácil a lo complejo) habilidades, conocimientos y comportamientos, básicos y necesarios para la adaptación mediata e inmediata de la vida común y, quizá después de adquirir esos comportamientos, se progrese en campos más especializados y se adquieran comportamientos comunicativos más complejos que permitan a cada niño trabajar independientemente y autónomamente en la medida de sus posibilidades. Lo anterior es el objetivo de todas aquellas personas que tienen alguna incapacidad, como es el caso del síndrome de Down.

La necesidad de trabajar con niños con discapacidades, con anomalías o deficiencias ha motivado a las diferentes disciplinas, –incluso a las ciencias– a estudiar y analizar estos casos, para que con sus conocimientos teóricos se obtengan soluciones prácticas a los problemas. Muchas perspectivas teóricas buscan constantemente hallazgos concretos. Si bien es cierto que aún se desconocen muchas de las causas que originan estas anomalías, también es cierto que se ha descubierto y comprobado muchos aspectos fundamentales para dilucidar su origen, tanto por parte de las disciplinas de la salud como por el lado de la psicología.

La labor de otros profesionales de la salud como pediatras,

neurólogos y fisiatras es complementaria y totalmente compatible. La contribución de estos profesionales y la del psicólogo, como en el caso de este manual, podría ayudar al bienestar total de los niños.

En este libro se parte de la idea de que el individuo es fruto de diversas variables que intervienen conjunta y simultáneamente; por una parte se encuentra el equipo biológico del individuo, en especial el funcionamiento de la actividad nerviosa superior que en alguna medida determina el comportamiento de las personas, y por otra parte se encuentra el ambiente que rodea a la persona, el contexto familiar y extrafamiliar. Por tanto, este manual se basa en el conocimiento de que la influencia entre lo biológico y lo ambiental es mutua y recíproca, y da como resultado determinadas formas y estilos de comportamientos en los individuos.

El manual aporta estrategias psicoeducativas que pretenden enriquecer el ambiente del niño a través de:

a) Otorgarle las experiencias que necesita para mejorar su deteriorado desarrollo psicológico.

b) Graduar sensatamente la estimulación con base en sus progresos evolutivos.

c) Adaptarse, desde el inicio, a las características personales de cada niño, buscando aquellos estímulos y ejercicios que realmente requiere.

d) Otorgarle las experiencias de convivencia y afecto que necesita, sin sobreprotegerlo.

e) Permitirle que intente realizar, aunque sea mínimamente, ciertos pasos de la actividad por él solo y ayudarlo, en caso de fallar en su intento, las veces necesarias hasta lograr que realice la tarea.

f) No forzarlo a que realice las actividades.

g) Motivarlo a que efectúe las actividades dependiendo de sus capacidades y posibilidades.

h) Mostrarle alegría por el esfuerzo que realiza y concederle una gratificación por ello.

i) Variar los estímulos o actividades según sus avances o retrasos, considerando sus limitaciones.

j) Darle la oportunidad de experimentar y observar las consecuencias de sus acciones, para que aprenda de manera significativa.

k) Iniciar, la intervención a edades tempranas para obtener mejores resultados y pronósticos.

La aplicación del manual debe ser una experiencia de enseñanza-aprendizaje agradable para quien lo aplique y para quien lo reciba. Implantar las actividades e inventar otras que cumplan con la finalidad que se plantea en el objetivo es un buen sistema de enseñanza para el niño y una experiencia alentadora para quien lo aplica.

¿A QUIÉN VA DIRIGIDO EL MANUAL?

El libro está diseñado para que lo utilicen profesionales y paraprofesionales, incluso pueden utilizarlo aquellas personas que tienen dificultades con el lenguaje escrito y/o que están de alguna manera involucradas en el cuidado y tratamiento de los niños con síndrome de Down o con otros retrasos en el desarrollo. Este manual es un auxiliar para los padres o adultos dedicados a la intervención o cuidado de estos niños.

Esta obra tiene la finalidad de proporcionar una guía para estimular el desarrollo psicológico del niño de los cero a los 60 meses de edad (correspondientes también a los niños normales). Cubre las deficiencias que se presentan en los niños con síndrome de Down, y asimismo se puede utilizar con otros niños que presentan retrasos en su desarrollo psicológico.

La obra tiene las siguientes ventajas:

* Es *didáctica*, abarca el objetivo general que describe todos los comportamientos a través de categorías y subcategorías que deben realizar los niños con un desarrollo normal, hasta los 60 meses de edad. Incluye, asimismo, los objetivos particulares que involucran los comportamientos necesarios según los niveles de complejidad del desarrollo psicológico. Estos niveles se distribuyen por razones prácticas en cinco intervalos: de cero a seis meses, de seis a 12 meses, de 12 a 24 meses, de 24 a 48 meses y de 48 a 60 meses. Además proporciona las instrucciones de cómo realizar los pasos de cada actividad, la cual es el medio para lograr el objetivo. Cada objetivo está acompañado de dibujos para facilitar la comprensión, sobre todo en aquellas personas que tienen problemas con la lectura.

- Es *accesible*, puede utilizarla cualquier persona sin estudios especializados, porque el lenguaje utilizado no es técnico ni elaborado. Cada objetivo específico describe el *qué, cómo* y *cuándo* de las actividades. Se indica paso a paso, de lo simple a lo complejo, la forma en que se enseña al niño la actividad para lograr el objetivo y así ayudarlo a superar su deficiencia y a desarrollar sus habilidades.
- Es *fácilmente aplicable*, los materiales utilizados son juguetes y objetos de uso cotidiano, y pueden hacerse de materiales de deshecho. Lo importante es extraer la esencia del objetivo para que la persona que lo está aplicando recurra a su ingenio e idee otros materiales que cubran el fin que se persigue.

El diseño de este manual, dirigido al área de lenguaje, se basa en los principios teóricos del análisis conductual aplicado y en el concepto de *zona de desarrollo próximo* de Vygotski (1979), el cual hace referencia a aquellos comportamientos en los que el adulto u otra persona deben ayudar al niño, ya que estos comportamientos aún no están consolidados o plenamente adquiridos; es decir, se encuentran en el proceso de "dominio total", por eso se requiere tal ayuda. Este aspecto es importante puesto que esas conductas son las que caen en la zona de desarrollo próximo, las que se detectan y seleccionan para iniciar el tratamiento, de tal manera que su aprendizaje es más fácil para el niño ya que no requieren tanto esfuerzo como aquéllas en las cuales no se han manifestado, ni siquiera su inicio.

Así, es evidente que el niño debe primero observar lo que el adulto –quién guía el tratamiento– hace, es decir, modela; después el niño debe imitarlo y realizar conforme a sus posibilidades las acciones para efectuar la actividad. En caso necesario el adulto debe ayudar al niño a realizar la actividad, proporcionando todo el apoyo que requiere; paulatinamente retirará la ayuda brindada, hasta que el niño realice la actividad completamente solo.

¿POR QUÉ ES IMPORTANTE EL LENGUAJE EN LOS NIÑOS?

En este manual consideramos que el área de lenguaje y socialización es indispensable para la autonomía e independencia de los niños con síndrome de Down, y para aquéllos que tienen problemas en su desarrollo y no pueden valerse por sí mismos, por lo que constantemente tienen que ser ayudados por sus padres u otros adultos.

El lenguaje es una herramienta básica que nos permite expresar nuestras ideas y comprender las ideas de los demás. Por medio de él establecemos la comunicación con el mundo que nos rodea. Es con el lenguaje que podemos intercambiar pensamientos y sentimientos.

No sólo para los niños que padecen retraso en su desarrollo, como es el caso de los niños que presentan síndrome de Down, sino para cualquier individuo, el lenguaje es una herramienta básica para tener acceso a niveles superiores de aprendizaje.

El lenguaje se adquiere en los primeros años de vida del niño, una educación temprana permitirá superar problemas que pudieran detectarse en ésta área. Estimular el lenguaje desde los cero meses de edad permitirá un mayor desarrollo normal, sobre todo en los niños que pudieran presentar dificultades para adquirir el lenguaje.

Es sabido que los niños con síndrome de Down presentan problemas que pueden manifestarse en una dificultad concreta para adquirir el lenguaje, sobre todo en el aspecto de expresión, ya que son especialmente susceptibles de presentar alteraciones en su sistema fonoarticulatorio. En la boca y los dientes presentan alteraciones que deben atenderse, las encías sufren una reabsorción prematura con pérdida de piezas dentales, lo cual puede repercutir en la articulación del habla. Además, los niños con síndrome Down presentan anomalías como: maxilar pequeño, lengua protusa, hipotonía muscular, dentición tardía, caída temprana de los dientes, incisivos laterales superiores defectuosos o ausentes, enfermedades en los tejidos que soportan a los dientes, maloclusión y mandíbula prominente (Ruiz, 1997). Es preciso hacer una supervisión médica constante para evitar que estos problemas puedan incidir en la adquisición del lenguaje.

¿CUÁL ES EL CONTENIDO DEL ÁREA DE LENGUAJE?

El entrenamiento en el área de lenguaje evidentemente representa una ayuda indiscutible. Los niños podrán comprender lo que sus padres o cuidadores responsables tratan de comunicarles, y a la vez serán capaces de expresarles sus pensamientos y sentimientos. Así esta área engloba los siguientes comportamientos clasificados en categorías:

- Reflejos.
- Lenguaje receptivo.
- Lenguaje expresivo.
- Socialización.

El lenguaje no es sólo la capacidad de hablar en una misma lengua con las personas que nos rodean, es mucho más que eso. Todas las expresiones que permiten la comunicación son parte del lenguaje. El lenguaje receptivo, que nos permite comprender, y el lenguaje expresivo, que nos permite dar a conocer nuestras ideas, son dos áreas que se desarrollan paralelamente. El proceso de socialización, se va dando conjuntamente con la adquisición del lenguaje, pues al comunicarnos nos relacionamos con las personas y con el mundo que nos rodea.

Desde que el bebé nace empieza a adquirir el lenguaje. En esta etapa el niño responde, por reflejos, a lo que capta a través de los sentidos. La piel, la vista, el olfato, el oído y el gusto le permiten percibir lo que sucede a su alrededor, y es a través de los sentidos que el bebé se comunica. En esta etapa empieza a balbucear y a vocalizar. Asimismo, empieza a interactuar con las personas por medio de la expresión de sus sentimientos a través del llanto y las sonrisas.

En los siguientes seis meses es importante que el niño empiece a comprender lo que se le dice, que responda a su nombre, que copie acciones simples como saludar, aplaudir y mandar besos, que responda con acciones cuando se le pidan o se le den objetos. Hay que iniciar la enseñanza de las vocales, y de palabras básicas como *mamá* y *papá*. El niño también debe ser capaz de expresarse sin llorar y de imitar ruidos. En el área de socialización debe responder ante su imagen en el espejo y al juego. Realiza acciones para llamar la atención de quienes lo rodean y es capaz de reaccionar al escuchar la música.

En el primer y segundo años de edad, el niño deberá perfeccionar la imitación de acciones simples como saludar y aplaudir, y de obedecer peticiones sencillas como llevar y traer. Empieza a reconocer algunas partes del cuerpo, y puede parar, sentar y arrullar a un muñeco. En esta edad empieza a expresarse con palabras y el vocabulario que posee crece cada día, puede imitar ruidos con una mejor exactitud. Los juegos que realiza son más complicados, ahora puede compartir, respetar y esperar turnos. El niño está atento a las actividades que realizan los adultos. Al escuchar la música se mueve con movimientos rítmicos.

Entre los dos y cuatro años de edad, mejora su capacidad para aprender las partes del cuerpo. Su vocabulario es muy amplio, y ahora empieza a perfeccionar la articulación de cada uno de los fonemas que integran nuestra lengua. El niño debe ser capaz de responder y de hacer preguntas. Ahora puede expresar acciones utilizando verbos en presente y pasado. Sus juegos son más sofisticados. Su respuesta a la música se perfecciona y es capaz de diferenciar un compás, los ritmos lentos y rápidos, el volumen fuerte o suave.

Finalmente, de los cuatro a los cinco años, el niño ya puede realizar peticiones simples (como hacer un mandado), y reconocer más partes de su cuerpo. Es capaz de repetir oraciones de cinco palabras. Como los días de la semana, diferencia la mañana de la tarde y de la noche, utiliza adverbios de tiempo y de lugar. Se muestra más interesado en lo que hacen los adultos, y participa en sus actividades. Sus juegos son más elaborados, pues ya es capaz de suponer o pretender.

13

Por otra parte, en el libro, esta información está distribuida en un objetivo general, objetivos particulares y específicos de la siguiente manera: el objetivo general de esta área es que el niño comprenda lo que se le dice; obedezca peticiones, se exprese a través del lenguaje oral, adquiera un vocabulario amplio, se exprese a través del juego y de la música, comunique sus ideas y sus sentimientos.

Los objetivos particulares de esta área son: en el primer nivel de desarrollo (de los cero a los seis meses), el niño presentará reflejos de párpados, cara y boca; atenderá y responderá al sonido; hará sonidos guturales, balbuceará y vocalizará; sonreirá y buscará a una persona que se aleja, jugará solo.

En el segundo nivel de desarrollo (de los seis a los 12 meses), el niño responderá a su nombre, se despedirá, imitará acciones simples y realizará órdenes simples; articulará las vocales, imitará palabras, expresará deseos sin llorar, imitará onomatopeyas simples; responderá ante su imagen en un espejo, jugará solo y acompañado, realizará acciones para llamar la atención y responderá a la música.

En el tercer nivel de desarrollo (de los 12 a los 24 meses), el niño saludará y aplaudirá, tomará y dará un objeto, señalará algunas partes de su cuerpo realizará acciones que se le pidan con un muñeco; pronunciará palabras, expresará ideas, imitará ruidos complicados; buscará objetos reflejados en un espejo, jugará solo o acompañado obedeciendo reglas sencillas.

En el cuarto nivel de desarrollo (de los 24 a los 48 meses), el niño señalará partes de su cuerpo y de otras personas; articulará correctamente los fonemas, responderá y hará preguntas, expresará acciones; jugará solo o acompañado, reconocerá ritmo, intensidad y volumen de la música, atenderá y responderá a los adultos.

En el quinto nivel de desarrollo (de los 48 a los 60 meses), el niño realizará mandados sencillos, conocerá otras partes del cuerpo y las señalará en él y en los demás; pronunciará oraciones de cinco palabras, utilizará correctamente verbos y adverbios, ampliará su vocabulario; será capaz de esperar su turno en un juego, se mostrará muy interesado en lo que hacen los adultos y participará en sus actividades.

En este manual las edades referidas corresponden a niños con un desarrollo normal, y son aproximadas. Son útiles porqué indican el curso del desarrollo psicológico. Así, en cada uno de los objetivos específicos se describen los materiales, el procedimiento por utilizar (que involucra las técnicas); así como lo criterios de logro para poder implantar cada paso hasta alcanzar lo estipulado en cada objetivo.

Es importante que quienes apliquen el manual tengan idea clara de lo que se les pide a través de los objetivos, porque de esa manera podrán idear otras actividades y materiales para satisfacer las necesidades del niño de una manera variada y creativa, pues recurrirán a las preferencias del éste, considerando sus necesidades particulares.

Este manual da la pauta y guía los comportamientos del desarrollo del lenguaje de aquellas personas que no tienen experiencia en implantarlas, y también da la oportunidad a los cuidadores ya experimentados de diseñar y crear otras actividades propicias para las necesidades de los niños que atienden, respetando la secuencia del desarrollo psicológico y tomando en cuenta las ayudas y apoyos especiales que requieren los niños.

Nivel I

De cero a seis meses

CATEGORÍA: REFLEJOS

Subcategoría: Respuesta del párpado

Objetivo 1

El niño presentará la respuesta refleja del párpado ante un estímulo táctil o sonoro, dos segundos posteriores a su presentación, tres veces seguidas.

Material

Objetos sonoros como cascabeles y sonajas, y una lámpara.

Actividad y procedimiento

1. Cargue al niño suavemente en sus brazos, preséntele distintas intensidades luminosas (no mayores a 75 watts), llévelo de un cuarto a otro dentro de la casa; el niño presentará la respuesta refleja del párpado abriendo y cerrando los ojos. Si el niño presenta este reflejo, acarícielo al tiempo que le dice: "Muy bien, la luz ayuda a fortalecer tus ojos, vas a ver bien."

2. Varíe la estimulación, cargue al niño suavemente en sus brazos o colóquelo en su cuna o cama, en un lugar donde esté seguro; enseguida, con una sonaja o con las palmas de sus manos, haga un ruido cerca de los ojos del niño, de esta forma también presentará la respuesta refleja del párpado. Si presenta este reflejo, acarícielo al tiempo que le dice: "Muy bien, ¿qué es lo que suena?, fue tu sonaja" (si hizo el ruido con una sonaja) o "fue mamá" (si hizo el ruido con las palmas de sus manos).

3. Si el niño no presenta claramente el reflejo de abrir y cerrar los ojos, ayúdelo. Utilice una lámpara de luz menor a 75 watts, acér-quela y alejela del niño, así el niño abrirá y cerrará los ojos; sólo haga esto cuando el niño esté despierto. Espere unos momentos antes de volver a presentarle la luz y recuerde felicitar al niño cada vez que presente el reflejo.

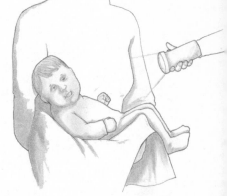

4. Varíe la actividad, ahora utilice objetos sonoros como las palmas de las manos, las sonajas y los cascabeles. Preséntenselos al niño procurando hacer un sonido fuerte, sin llegar a causarle molestia, sólo debe provocar la respuesta de abrir y cerrar los ojos. Espere unos momentos antes de volver a presentarle el sonido. Recuerde alabar al niño cada vez que abra y cierre sus ojos.

16

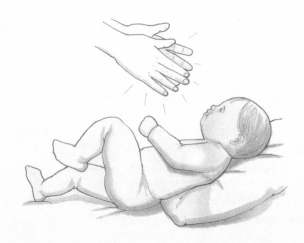

Observaciones

Este objetivo tiene la finalidad de estimular en el niño (no de enseñar) la respuesta de abrir y cerrar los párpados, en caso de que aún no la posea. Si todavía después de estimularlo no presenta la respuesta pregunte a su pediatra qué podría hacerse.

Subcategoría: Respuestas de cara y boca

Objetivo 2

El niño presentará la respuesta refleja de cara y boca ante un estímulo táctil o sonoro, en dos segundos posteriores a su presentación, tres veces seguidas.

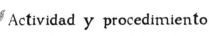

Material

Objetos sonoros como cascabeles y sonajas, un biberón y una bolita de algodón.

Actividad y procedimiento

1. Coloque al niño en su cuna o cama en una posición cómoda, aproveche cuando esté despierto para tocar suavemente con sus dedos la boca del niño, éste presentará movimientos gestuales de cara y boca. Felicítelo si presenta esta respuesta diciéndole: "Muy bien, es mamá la que toca tu boca", al tiempo que lo acaricia.

2. Varíe la estimulación, preséntele al niño algún ruido producido por una sonaja o por la palma de sus manos. Hágalo cerca de la cara del niño, de este modo también presentará la respuesta refleja de su cara haciendo pequeños gestos. Alábelo si presenta esta respuesta diciéndole: "Muy bien, ¿qué es lo que suena?, fue tu sonaja" (si fue

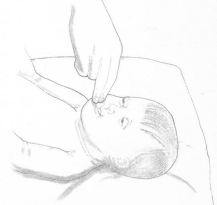

producido por una sonaja) o "fue tu mamá" (si lo hizo usted).

3. Si el niño no presenta claramente la respuesta refleja, ayúdelo. Estimúlelo cuando esté despierto, acérquele un pedacito de algodón húmedo o el chupón de la mamila a la boca, tocando ligeramente sus labios. Alabe al niño si presenta pequeños movimientos de su boca, espere unos momentos antes de estimularlo nuevamente.

4. Varíe la actividad, preséntele objetos sonoros como cascabeles y sonajas. Haga el ruido cerca de la cara del niño, espere unos momentos antes de presentar nuevamente el ruido, continúe así hasta que el niño presente pequeños movimientos gestuales y alábelo cada vez que los presente.

18

Observaciones

Este objetivo tiene la finalidad de ayudar a estimular en el niño (no a enseñar) la respuesta refleja de cara y boca, en caso de que el niño aún no la posea. Si todavía después de estimularlo no presenta la respuesta pregunte a su pediatra qué puede hacer.

Objetivo 3

El niño presentará respuestas reflejas de la cabeza cuando sea estimulada alguna parte de su cara, en dos segundos, tres veces seguidas.

Material

No se requiere material.

Actividad y procedimiento

1. Coloque al niño en su cuna o cama, en posición cómoda, aproveche cuando esté despierto para tocar suavemente alguna parte de su cara (mejillas, barbilla, etc.) con sus dedos, el niño moverá su cabeza hacia el estímulo (hacia su mano). Si es así felicítelo diciéndole: "Muy bien, es mamá quien toca tu cara."

2. Si el niño no presenta la respuesta refleja claramente, ayúdelo. Estimúlelo cuando esté despierto, deslice suavemente los pulgares de su mano desde el centro de la frente hacia afuera, a lo largo de las cejas, repita suavemente los movimientos. Ahora déle un ligero masaje en forma circular en sus mejillas con su dedo pulgar. Espere unos momentos entre cada masaje para que el niño pueda distinguir cuándo es estimulado. Si el niño comienza a presentar más claramente pequeños movimientos de cabeza dirigiéndola hacia donde se le da el masaje, felicítelo.

3. Recuerde alabar al niño cada vez que presente el reflejo de la cabeza.

19

 ## Observaciones

Este objetivo tiene la finalidad de ayudar a estimular en el niño (no a enseñar) la respuesta refleja de cabeza, en caso de que aún no la posea. Si todavía después de estimularlo no presenta la respuesta pregunte a su pediatra qué podría hacerse.

CATEGORÍA: LENGUAJE RECEPTIVO

Subcategoría: Atiende y responde al sonido

Objetivo 4

El niño dirigirá la cabeza hacia una fuente de sonido localizada en un radio de 50 cm, durante un periodo máximo de 10 segundos, después de la presentación del sonido, cinco veces seguidas.

Material

Cualquier objeto sonoro como sonajas, cascabeles y música.

Actividad y procedimiento

1. Coloque al niño boca arriba sobre su cuna.
2. Estando enfrente del niño, inclínese hacia él y mueva el objeto sonoro (sonaja, cascabeles, etc.) frente a sus ojos. Cuando él vea el objeto, muévalo suavemente, sin dejar de sonarlo, hacia la derecha, la izquierda, arriba y abajo; anímelo a que siga con la mirada el objeto.
3. Si el niño sigue con la vista el objeto hacia las diferentes direcciones acaríciclo inmediatamente y dígale: "Muy bien, bebé."
4. Si el niño mueve la cabeza esquivando el objeto, ayúdelo. Tome su barbilla y guíelo suavemente hacia la fuente de sonido. Procure colocar el objeto sonoro, a corta distancia, frente al niño para captar su atención y paulatinamente aumente la distancia entre el objeto y el niño, hasta llegar a los 50 cm.
5. Utilice diferentes instrumentos musicales (tambor, cascabeles, etc.) o diferentes sonidos (graves o agudos), toque los instrumentos lenta o rápidamente, suave o fuertemente.
6. Utilice una gran cantidad de ruidos, producidos por usted o por medio de música (utilice una grabadora), que capten la atención del niño para que dirija su cabeza hacia ellos, por lo menos cinco veces seguidas.

Objetivo 5

El niño ante un estímulo fuerte como palmadas, voz, o música, responderá con movimientos corporales, en cinco segundos después de la presentación del sonido, cinco veces seguidas.

20

Material

Grabadora, cassettes (con música suave), juguetes.

Actividad y procedimiento

1. Coloque al niño en posición cómoda.
2. Cuando el niño esté distraído dé una palmada fuerte o eleve fuertemente el tono de voz. Si el niño responde con movimientos corporales, abrácelo inmediatamente, béselo o tómelo en sus brazos.
3. Si el niño no realiza algún movimiento de su cuerpo, repita la actividad cuando el niño esté distraído nuevamente para tomarlo de sorpresa. Puede variar las palmadas, el tono de voz o la música; ponga el radio (o la grabadora) con una canción en un tono bajo, después suba el volumen (sin exagerar para no molestar al niño), observe si hay alguna respuesta por parte del niño, si es así elógielo inmediatamente.

21

4. Recuerde que para cumplir este objetivo es importante que realice la actividad de sorpresa, teniendo en cuenta no exagerar para evitarle molestias al niño.

Observaciones

Es importante que el niño responda ante el sonido, si el niño no responde aún en un tiempo mayor a cinco segundos, consulte a su médico.

Objetivo 6

El niño fijará la vista durante cinco segundos, en una persona que le hable, en tres de cinco intentos seguidos.

Material

No se requiere material.

Actividad y procedimiento

1. Coloque cómodamente al niño o aproveche cualquier otra actividad como al bañarlo o vestirlo.
2. Cuando esté frente al niño háblele o cántele procurando colocar su cara cerca del niño para que él la mire. Si el niño fija la vista en usted mientras le habla, alábelo inmediatamente.
3. Si el niño no fija la vista en usted durante cinco segundos, ayúdelo. Coloque su dedo índice en la barbilla del niño y guíela hacia su cara, mientras continúa hablándole. Felicite al niño en cada intento que haga por fijar la vista en usted cuando le habla por lo menos durante cinco segundos.

4. Varíe el tono de voz al tiempo que gesticula exageradamente, para captar la atención del niño.
5. Paulatinamente retire la ayuda que le da al niño, hasta que él logre por sí mismo fijar su mirada en la persona que le habla, por lo menos cinco segundos en tres veces seguidas.

Objetivo 7

El niño fijará la vista durante cinco segundos en una persona que lo toque, en tres de cinco veces seguidas.

Material

Objetos y juguetes de diferentes texturas.

Actividad y procedimiento

1. Coloque al niño en una posición muy cómoda.
2. Colóquese frente a él y toque suave y lentamente cualquier parte de su cuerpo (su mano, su barbilla, etc.). Observe si el niño fija su vista en usted por lo menos durante cinco segundos. Si lo hace felicítelo inmediatamente.
3. Si no fija la vista en usted, ayúdelo. Tóquele otra vez alguna parte de su cuerpo con una mano y guíele su cara hacia usted con la otra, mientras lo alaba cuando la mira.
4. Tóquelo con objetos de diferentes texturas para motivarlo a que la mire, por ejemplo, esponja, terciopelo, peluche, etc. Presénteselos de uno en uno.
5. Cada vez que el niño fije la vista en usted (o intente hacerlo), cuando lo toque dígale: "Muy bien, mírame, te estoy tocando." Retire la ayuda gradualmente hasta que él logre fijar su mirada en la persona que lo toca, por lo menos durante cinco segundos, en tres de cinco veces seguidas.

 23

 Objetivo 8

El niño fijará la vista durante cinco segundos en la persona que le da su alimento, en tres de cinco veces seguidas.

 Material

Los alimentos del niño.

 Actividad y procedimiento

1. Coloque al niño en la posición que utiliza para darle su alimento.
2. Estando frente al niño platíquele mientras le da su alimento, procure

colocar su cara cerca del niño para que él la mire. Si el niño fija la vista en usted, por lo menos durante cinco segundos, acarícielo inmediatamente y dígale: "Muy bien, tu mamá te está dando de comer."

3. Si el niño no fija la vista, ayúdelo. Guíe su cabeza hacia usted (o hacia quien le está dando de comer), mientras continúa dándole de comer. Retire la ayuda paulatinamente, hasta que el niño fije su mirada, por lo menos cinco segundos, en quien le da su alimento. Felicítelo en cada intento que haga por fijar la vista.

4. Realice esta actividad cada vez que le dé su alimento y háblele suavemente variando los tonos de voz.

5. No se desanime si las primeras ocasiones el niño fija la vista sólo durante uno o dos segundos, por lo menos en tres de cinco veces seguidas, recuerde alabarlo inmediatamente.

Objetivo 9

El niño fijará la vista durante cinco segundos en la persona que le ofrezca un juguete o cualquier otro objeto, en tres de cinco veces seguidas.

Material

Muñecos de plástico o trapo y objetos que más llamen la atención del niño.

Actividad y procedimiento

1. Coloque al niño en la posición más cómoda para él (en su cuna, en los brazos de mamá, etc.).

2. Estando frente al niño platique con él mientras le da algún juguete u objeto, procure acercar su cara a la del niño para que él la mire. Si el niño fija la vista en usted mientras le da el juguete u objeto, por lo menos durante cinco segundos, acaríciate inmediatamente y dígale: "Muy bien, te estoy dando tu juguete."

3. Si el niño no fija la vista en la persona que le da el juguete, ayúdelo. Tómelo de su barbilla y guíelo, mientras continúa hablándole y ofreciéndole el juguete. Retírele la ayuda paulatinamente, hasta que el niño logre fijar su mirada (durante cinco segundos) en quien le da un objeto o juguete. No olvide alabarlo en cada intento que haga por mirar a la persona.

4. Utilice una gran variedad de objetos y juguetes que sean atractivos para el niño. Use colores llamativos y objetos que produzcan algún ruido como llaves, cascabeles, etc. Recuerde que es importante presentar un solo objeto a la vez.

5. Puede ser que el niño en las primeras ocasiones vea el juguete u objeto por uno o dos segundos, no se desespere y ayúdelo. Paulatinamente aumente el tiempo hasta lograr los cinco segundos, por lo menos en tres veces seguidas.

CATEGORÍA: LENGUAJE EXPRESIVO

Subcategoría: Sonidos guturales

Objetivo 10

El niño producirá sonidos guturales cuando se le habla, en tres de cinco veces seguidas.

Material

No se requiere material.

Actividad y procedimiento

1. Aproveche cualquier actividad que haga con el niño, como bañarlo, vestirlo y cambiarlo, para hablarle.
2. Estando frente al niño haga algunos sonidos guturales como: *gu-gu*, *agu-agu*, etc., y anime al niño a producirlos. Si el niño hace algunos de esos sonidos acaríciclo inmediatamente.

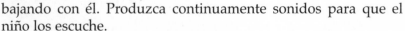

3. Si el niño no emite ningún sonido, ayúdelo. Propicie la emisión de sonidos ante distintas situaciones, por ejemplo, cuando arrulle al niño en sus brazos balanceándolo de un lado a otro, produzca sonidos guturales.
4. Si el niño no produce algún sonido, no se desespere. Es un poco difícil que él empiece a tener movimientos en la boca, no desista y continúe trabajando con él. Produzca continuamente sonidos para que el niño los escuche.

26

5. Estimule al niño dándole masajes alrededor de la boca. Cuando el niño logre emitir un sonido por suave que éste sea, repítalo inmediatamente, al tiempo que lo acaricia y lo besa.
6. Enseñe a otros miembros de su familia a hacer estas actividades con el niño.
7. Cuando el niño emita sonidos guturales cuando alguien le habla, anímelo a que continúe haciéndolos, por lo menos en tres de cinco veces seguidas. No olvide alabarlo cada vez que los haga.

 Objetivo 11

El niño producirá sonidos guturales espontáneamente o cuando se le retire la comida, en dos de tres veces seguidas.

Material

Los alimentos del niño.

Actividad y procedimiento

1. Coloque al niño en la posición que utiliza para darle su alimento.
2. Mientras esté dándole su alimento, platique constantemente con él produciendo sonidos guturales (*gu-gu, agu-agu,* etc.), para que el niño la escuche. Retírele su alimento minutos antes de terminar y observe si produce algún sonido; si es así, felicítelo y continúe dándole su alimento y repitiendo el sonido que el niño emitió.
3. Si no produce algún sonido, ayúdelo. Toque sus labios suavemente con su dedo índice, para estimularlo, al tiempo que continúa haciendo sonidos. Alabe cada intento que haga el niño por hacer algún sonido y continúe dándole su comida.

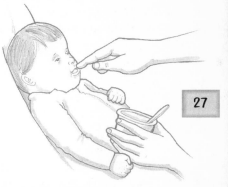

27

4. No le retire el alimento muchas veces al niño, pues en lugar de estimularlo, sólo provocará su llanto. Realice la actividad una o dos veces al día únicamente. Retire la ayuda paulatinamente, hasta que el niño produzca algún sonido gutural cuando se le retire la comida o espontáneamente, por lo menos dos veces seguidas.

Objetivo 12

El niño producirá sonidos guturales espontáneamente o cuando se le retiren los objetos, en tres de cinco veces seguidas.

Material

Juguetes u objetos que llamen la atención del niño como sonajas, muñecos de plástico o trapo, etcétera.

Actividad y procedimiento

1. Coloque al niño en una posición cómoda.
2. Estando frente al niño ofrézcale uno o varios juguetes que él pueda sostener en sus manos y con los que pueda jugar mientras le platica y lo anima a producir sonidos guturales, como: *gu-gu*, *agu-agu*, etc. Juegue con él y enséñele cada uno de los juguetes, tome un juguete y retírelo de su vista. Si el niño produce algún sonido gutural ante esto regrésele el juguete y permita que juegue con él unos momentos, al tiempo que repite el mismo sonido que el niño emitió. Felicítelo diciéndole: "Muy bien."
3. Si no produce algún sonido al retirarle el juguete u objeto, pruebe con otros objetos con los que esté jugando y siga platicando con él, no deje de producir continuamente sonidos para que él los escuche. Puede tocarle sus labios suavemente con su dedo índice, para así estimularlo. Vuelva a retirar un objeto de los que tiene, hágalo suavemente para evitar que llore. Felicite al niño si produce algún sonido, cualquiera que éste sea, y permítale el objeto un momento.
4. Utilice objetos que despierten el interés del niño y recuerde permitirle sólo dos o tres juguetes para evitar que se distraiga.
5. Cualquier sonido que el niño produzca, repítalo constantemente para así motivarlo a que continúe produciéndolo, por lo menos en dos de tres veces seguidas, cuando se le retiren objetos o espontáneamente.

Subcategoría: Balbucear

 Objetivo 13

El niño balbuceará cuando una persona le habla, en los siguientes cinco segundos después de hablarle, en tres de cinco veces seguidas.

Material

No se requiere material.

Actividad y procedimiento

1. Coloque al niño en la posición más cómoda para él.
2. Estando frente al niño platíquele y observe cuáles son los sonidos que produce, para que continuamente los repita usted mientras platica con él. Si los emite durante la plática felicítelo inmediatamente y repita otra vez sus balbuceos, mientras juega con él.
3. Si el niño no produce algún balbuceo, ayúdelo. Cuando esté cerca de él, háblele y mueva suavemente sus labios y mandíbula (con sus dedos índice y pulgar), para estimularlo. También puede oprimir suavemente su estómago (hacia adentro y hacia arriba), sin lastimar al niño, para que saque un poco de aire con la boca; si al hacer esto produce algún sonido, el que sea, repítalo y felicítelo inmediatamente.

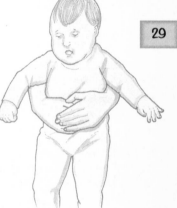

29

4. Cambie el tono de voz constantemente y recuerde que es muy importante que el niño vea a la cara a la persona que le habla. Practique un mismo balbuceo durante el día para facilitar que el niño lo produzca sin crearle confusión.
5. Cuando el niño balbucee un sonido, puede presentar otros también, haga pequeñas cadenas de balbuceos como: *ba, ba-ba, ba-ba-pa*, etc.
6. Retire la ayuda paulatinamente, hasta que el niño logre producir algún balbuceo, por lo menos cinco segundos después de que una persona le habla, en tres de cinco veces seguidas.

Objetivo 14

El niño balbuceará cuando se le retire el alimento, en tres de cinco veces seguidas.

Material

Los alimentos del niño.

Actividad y procedimiento

1. Coloque al niño en la posición que utiliza para darle su alimento.
2. Mientras está dándole su alimento al niño, platique con él, procurando hacer algunos balbuceos. Espere a que el niño termine de pasar su bocado y observe si balbucea; si es así alábelo inmediatamente. Continúe dándole su alimento y repita constantemente el balbuceo que el niño emitió.
3. Si el niño no balbucea, ayúdelo. Mueva suavemente sus labios y mandíbula (con sus dedos índice y pulgar), al tiempo que usted dice algunos balbuceos, esto lo estimulará. Alabe inmediatamente cualquier balbuceo que el niño haga, por corto que éste sea, y continúe alimentándolo.
4. Sólo retire dos veces el alimento durante cada comida, si lo hace con mayor frecuencia puede provocar el llanto del niño. Realice esta actividad una o dos veces al día.
5. Retire gradualmente la ayuda que le da al niño, hasta que produzca algún balbuceo cuando se le retire el alimento, por lo menos en dos de tres veces seguidas.

Objetivo 15

El niño balbuceará durante cualquier actividad que realice, como bañarlo o vestirlo, en tres de cinco veces seguidas.

Material

No se requiere material.

Actividad y procedimiento

1. Coloque al niño en una posición cómoda.
2. Aproveche los momentos en que está cerca de él, por ejemplo, al cambiarlo de pañal o vestirlo, para conversar con él, de forma que pueda observar su cara en el momento que platica. Observe si balbucea, si es así felicítelo, al tiempo que le dice: "Muy bien."
3. Si el niño no balbucea, ayúdelo. Observe los sonidos que el niño ya produce, para que usted continuamente los repita mientras conversa con él animándolo a que los produzca durante la plática. Si aún no balbucea muévale suavemente sus labios y su mandíbula (con sus dedos), felicítelo por cualquier balbuceo que haga y repítalo inmediatamente.

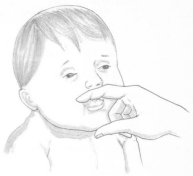

4. Cambie el tono de su voz con frecuencia, repita durante el día y ante distintas situaciones los balbuceos que ya produce el niño, para estimularlo a que los presente varias veces más.
5. Retírele la ayuda paulatinamente, hasta que logre producir algunos balbuceos, ante cualquier actividad que realice, en dos de tres veces seguidas.

31

 ## Objetivo 16

El niño balbuceará cuando esté jugando solo o en compañía de un niño o un adulto, en dos de tres veces seguidas.

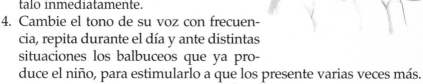 ## Material

Juguetes que sean llamativos para el niño.

 ## Actividad y procedimiento

1. Siente al niño en su cuna rodeado de almohadas y ponga alrededor los juguetes que más llamen su atención.

2. Estando frente al niño anímelo a que balbucee mientras juega con los juguetes; si el niño produce balbuceos, por suaves que éstos sean, alábelo, bésalo y acarícielo. Repita el balbuceo que el niño emitió para que vuelva a repetirlo.

3. Si el niño no balbucea, ayúdelo. Mueva suavemente sus labios y mandíbula hacia abajo o haciendo círculos (utilice sus dedos índice y pulgar), al tiempo que usted balbucea (procure que sean balbuceos que el niño ya emite), esto estimulará al niño a balbucear. Festeje inmediatamente cualquier balbuceo que el niño haga y continúe jugando con él.

4. Pídale a algunos familiares que jueguen con él y lo estimulen a balbucear.

5. Utilice una gran variedad de juguetes. Recuerde que éstos deben ser de colores atractivos para el niño.

6. Retire su ayuda paulatinamente hasta que logre balbucear cuando esté jugando solo o con otra persona, por lo menos en tres de cinco veces seguidas.

32

Subcategoría: Vocalización

Objetivo 17

El niño vocalizará cuando se le quite un objeto, cinco segundos después de retirarle el objeto, tres veces durante una semana.

Material

Objetos de colores llamativos o el juguete preferido del niño.

Actividad y procedimiento

1. Coloque al niño en la posición más cómoda para él.

2. Estando frente al niño ofrézcale uno o varios juguetes que él pueda sostener en sus manos para jugar con ellos. Mientras platica con él

tome un juguete (puede ser su favorito) y retírelo de su vista, si ante esto el niño produce alguna vocalización, por corta que ésta sea, regrésele el juguete y permita que juegue con él por unos momentos, mientras repite la misma vocalización que el niño realizó.

3. Si el niño no produce alguna vocalización al retirarle el juguete u objeto, pruebe con otros objetos y continúe jugando con él. Vocalice continuamente para que el niño la escuche. Puede también mover suavemente su mandíbula hacia arriba y hacia abajo, o en forma circular, con sus dedos índice y pulgar, para que de esta forma lo estimule. Sin que usted deje de producir vocalizaciones, vuelva a retirar suavemente un objeto, si el niño produce cualquier vocalización, acarícielo inmediatamente y permítale jugar nuevamente con los objetos.

4. Utilice objetos que sean de gran interés para el niño y recuerde que es importante felicitar al niño inmediatamente después de que vocalice. Repita sus vocalizaciones constantemente para motivarlo a que continúe produciéndolas, por lo menos en tres veces durante una semana.

33

Objetivo 18

El niño vocalizará correctamente la *a* cinco segundos después de que el adulto pronuncie la vocal frente a él por lo menos durante una semana.

Material

Un espejo grande de mano.

Actividad y procedimiento

1. Siente al niño en sus piernas de manera que él la vea. Coloque usted sus labios en posición para decir *a* (abriendo bien su boca),

produzca el sonido *aaa*, espere cinco segundos y observe si el niño reproduce el sonido; si lo hace alábelo inmediatamente, y dígale: "Muy bien."

2. Si el niño no vocaliza, ayúdelo. Coloque su dedo índice en la barbilla del niño y mueva suavemente su mandíbula hacia arriba y hacia abajo, al tiempo que coloca usted su boca en la posición correcta para decir *a*; exagere la posición para que el niño la imite y produzca el sonido *aaa*. Ante cualquier vocalización que el niño emita, alábelo inmediatamente y anímelo a que continúe produciéndolo.

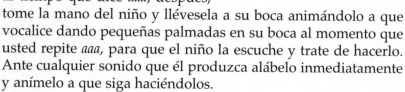

3. Otra ayuda que puede proporcionarle es la siguiente: dé pequeñas palmadas en la boca del niño, al tiempo que dice *aaa*; después, tome la mano del niño y llévesela a su boca animándolo a que vocalice dando pequeñas palmadas en su boca al momento que usted repite *aaa*, para que el niño la escuche y trate de hacerlo. Ante cualquier sonido que él produzca alábelo inmediatamente y anímelo a que siga haciéndolos.

4. Exagere el sonido y el movimiento de la boca al decir *aaa*. Puede hacer las actividades anteriores frente al espejo, para que el niño se observe y la observe.

5. Haga lo anterior una o dos veces al día, de cinco a 10 minutos, para no cansar ni aburrir al niño; de esta forma las actividades serán más placenteras para él.

6. Recuerde felicitar al niño por cada intento que haga, hasta que logre producir el sonido *a* después de cinco segundos de que otra persona lo haga frente a él. Retire la ayuda paulatinamente hasta que logre hacerlo, por lo menos cinco veces durante una semana.

34

Objetivo 19

El niño vocalizará correctamente la *o*, cinco segundos después de que otra persona lo haga frente a él, por lo menos cinco veces durante una semana.

Material

Un espejo grande de mano.

Actividad y procedimiento

1. Siente al niño en sus piernas de manera que él la vea. Coloque sus labios en posición para decir *o* (en forma redondeada, formando un círculo con ellos), produzca el sonido *ooo*, espere cinco segundos y observe si el niño también lo hace; si es así, alábelo inmediatamente.

35

2. Si el niño no vocaliza el sonido, ayúdelo. Coloque sus dedos pulgar e índice en las comisuras de los labios del niño y presione ligera y suavemente hacia adentro y hacia abajo, al tiempo que coloca usted su boca en la posición correcta para decir *o* (exagere

la posición para que el niño la imite) y produzca el sonido *ooo*. Ante cualquier sonido que el niño haga, alábelo inmediatamente y anímelo a que continúe produciéndolo.

3. Si el niño muestra molestia cuando se le ayuda físicamente, poco a poco acostúmbrelo acariciando su cara y dándole masajes suaves alrededor de sus labios.

4. Varíe la actividad produciendo sonidos más graves o más agudos, en tonos más fuertes o más suaves, así como más largos o más cortos.

5. No se desespere si el niño tarda algunos días en producir el sonido, pues el aprendizaje de las primeras vocalizaciones no se logra inmediatamente.

6. Varíe la actividad, entonando canciones infantiles con el sonido de la *o*. Colóquese frente al espejo para que el niño la observe y se observe.

7. Realice estas actividades una o dos veces al día, de cinco a 10 minutos, para que el niño no se aburra ni se canse.

8. Conforme el niño produzca el sonido de la *o*, retírele paulatinamente la ayuda que le da, hasta que logre producirlo a los cinco segundos después de que lo hagan frente a él, por lo menos cinco veces durante una semana.

36

Objetivo 20

El niño vocalizará correctamente la *u*, cinco segundos después de que el adulto pronuncie la vocal frente a él, por lo menos cinco veces durante una semana.

Material

Un espejo grande de mano, una grabadora y un cassette virgen.

Actividad y procedimiento

1. Siente al niño en sus piernas frente a usted de manera que él la vea. Coloque sus labios en la posición correcta para vocalizar la *u* (en forma ovalada y los labios muy juntos), y produzca el sonido *uuu*, espere cinco segundos y observe si el niño lo reproduce; si lo hace, alábelo inmediatamente.

2. Si el niño no reproduce el sonido, ayúdelo. Coloque sus dedos pulgar e índice en la comisura de los labios del niño y júnteselos suave y ligeramente hacia adentro (dejando una pequeña abertura por donde salga el aire), al tiempo que usted coloca su boca en la posición correcta (exagere un poco para que el niño la vea) y produzca el sonido *uuu*. Ante cualquier sonido que el niño dé, por corto que sea, alábelo inmediatamente y anímelo a que continúe produciéndolo, repitiendo el sonido que emitió.

3. Varíe el tono de voz y la intensidad cuando diga *uuu*, haga la actividad en forma de juego, déle masajes suaves alrededor de sus labios.

4. Varíe la actividad, grabe los sonidos más aproximados a la vocal *uuu* que el niño produzca, reprodúzcalos varias veces, para que el niño los escuche y anímelo a que los repita nuevamente. Trabaje frente al espejo para que de esta forma el niño observe cuál es la posición de su boca.

37

5. Realice estas actividades una o dos veces al día, de cinco a 10 minutos para evitar que el niño se aburra y se canse.

6. Conforme el niño produzca sonidos más aproximados a la *u*, retírele paulatinamente la ayuda, hasta que logre reproducirlo cinco segundos después de que alguien lo hace frente a él, por lo menos cinco veces durante una semana.

Objetivo 21

El niño vocalizará correctamente la *e* cinco segundos después de que otra persona lo haga frente a él, por lo menos cinco veces durante una semana.

Material

Un espejo grande de mano, una grabadora y un cassette virgen.

Actividad y procedimiento

1. Siente al niño en sus piernas frente a usted, de manera que él la vea. Coloque sus labios en la posición correcta para decir la *e* (estirando hacia afuera las comisuras de los labios, de forma que se permitan ver los dientes, simulando una sonrisa exagerada), y produzca el sonido *eee*, espere cinco segundos y observe si el niño reproduce el sonido; si lo hace, dígale: "Muy bien."

2. Si el niño no reproduce el sonido, ayúdelo. Coloque sus dedos índice y pulgar en la comisura de los labios del niño y jálelos suave y ligeramente hacia afuera, al tiempo que usted coloca su boca en la posición correcta (exagere un poco para que el niño la vea) y produzca el sonido *eee*. Ante cualquier sonido que el niño emita, felicítelo inmediatamente y anímelo a que continúe produciéndolo, repita usted el sonido que él emitió.

3. Varíe el sonido de la *e*, haga sonidos fuertes y suaves, cortos y largos.

4. No se desespere si el niño tarda algunos días en vocalizar la *e*. Trabaje frente al espejo para que de esta forma el niño observe la posición correcta de su boca.

5. Juegue con el niño haciendo sonrisas exageradas, al tiempo que produce el sonido *eee*, grabe los sonidos más aproximados a la *e* que el niño realice y repítalos varias veces para que se escuche y se anime a reproducirlos.

6. Recuerde que para producir el sonido correctamente es importante la posición correcta de los labios y la boca.

7. Realice estas actividades una o dos veces al día, de cinco a 10 minutos, para evitar que el niño se aburra y se canse. No olvide elogiarlo cada vez que haga el sonido aproximado de la *e*.

8. Conforme el niño produzca sonidos más aproximados a la *e*, retire la ayuda que le da, hasta que logre reproducir el sonido cinco segundos después de que otra persona lo hace frente a él, por lo menos cinco veces durante una semana.

Objetivo 22

El niño vocalizará correctamente la *i*, cinco segundos después de que el adulto pronuncie la vocal frente a él, por lo menos cinco veces durante una semana.

Material

Un espejo grande de mano.

Actividad y procedimiento

1. Siente al niño en sus piernas frente a usted, de manera que él la vea. Coloque sus labios en la posición correcta para decir la *i* (haga una sonrisa con la comisura de los labios ligeramente hacia atrás), y produzca el sonido *iii*, espere cinco segundos y observe si el niño reproduce el sonido; si lo hace abrácelo o bésalo, diciéndole: "Muy bien."

2. Si el niño no reproduce el sonido, ayúdelo. Coloque sus dedos índice y pulgar en la comisura de los labios del niño y jálelos suave y ligeramente hacia atrás, al tiempo que usted coloca sus labios en la posición correcta (exagere un poco para que el niño la vea) y produzca el sonido *iii*. Ante cualquier sonido que el niño dé, alábelo inmediatamente y anímelo a que continúe produciéndolo, repitiéndolo nuevamente.

3. Varíe el sonido de la *i* haciéndolo fuerte y suave, largo y corto.

4. Entone canciones infantiles con el sonido de la *i*, trabajando frente al espejo, para que de esta forma el niño observe cuál es la posición correcta de la boca.

5. Recuerde que para producir el sonido es importante la posición correcta de la boca.

6. Realice las actividades anteriores una o dos veces al día, de cinco a 10 minutos, para evitar que el niño no se canse y no se aburra. No olvide elogiar al niño por cada sonido aproximado que haga a la *i*.

7. Conforme el niño produzca sonidos más aproximados a la *i*, retire la ayuda, hasta que logre reproducirlo después de que usted lo hace frente a él, por lo menos cinco veces durante una semana.

Objetivo 23

El niño dirá el sonido de dos vocales como: *aa*, *ee*, etc., espontáneamente o cuando otra persona lo haga frente a él, en tres de cinco veces seguidas.

Material

Objetos llamativos para el niño.

Actividad y procedimiento

1. Coloque al niño en la posición en que se encuentre más cómodo. Observe si el niño produce algún sonido de dos vocales espontáneamente, si lo hace, alábelo inmediatamente, si no lo hace repita usted el sonido de dos vocales como: *aa*, *oo*, etc. Si las reproduce cuando usted lo hace frente a él, felicítelo inmediatamente.
2. Si no reproduce el sonido de dos vocales, ayúdelo. Repita el sonido de la vocal que más produce el niño, por ejemplo: *aa*, alabando al niño cada vez que las reproduzca. Repita constantemente el sonido de las vocales para que él continúe produciéndolas. Recuerde que es importante que el niño observe la posición correcta de sus labios y boca.
3. Si el niño tiene algún problema para reproducir algún sonido, guíe con sus dedos la posición adecuada de sus labios, según la vocal que quiera enseñar.
4. Conforme el niño produzca sonidos más aproximados a las vocales *aa*, retire paulatinamente la ayuda, hasta que logre hacerlo espontáneamente o cuando otra persona lo haga frente a él. De la misma forma continúe con las vocales *oo*, *uu*, *ee* y por último *ii*, hasta que logre producirlas correctamente.
5. Ahora combine dos vocales diferentes, por ejemplo: *ao*, *au*, *ae*, etc., haga las combinaciones conforme el niño vaya diciéndolas correctamente.

40

6. Realice las actividades anteriores una o dos veces al día, de cinco a 10 minutos y recuerde que es importante elogiar al niño cada vez que reproduce un sonido.

7. No se desespere si el niño tarda algunos días en unir el sonido de dos vocales, pues esto no se logra inmediatamente, sino que se necesita trabajo constante.

8. Retire la ayuda gradualmente, procure dejar al niño solo por algunos momentos para que vocalice espontáneamente los sonidos que le ha enseñado, por lo menos en tres de cinco veces seguidas.

Objetivo 24

El niño vocalizará correctamente sílabas formadas por una consonante y la *a*, *pa*, *ma*, *ba*, espontáneamente o en cualquier actividad o juego, en dos de tres veces seguidas.

Material

Los juguetes del niño, espejo.

Actividad y procedimiento

1. Aproveche cualquier actividad que haga con el niño, como: bañarlo, vestirlo, jugar, etcétera.
2. Platique con el niño, de modo que él pueda observar su cara. Al momento que platica, observe si pronuncia sílabas formadas por una consonante y la *a*; si es así alábelo inmediatamente.
3. Si el niño no pronuncia sílabas formadas por una consonante y una vocal, ayúdelo. Observe cuáles son los sonidos que emite constantemente y comience con esos; por ejemplo, si dice *aa*,

agregue el sonido *b*, ahora dígale *ba* y muestre al niño cómo debe juntar sus labios para producir el sonido. Exagere la posición de su boca, para que el niño la vea e imite correctamente el sonido, repita varias veces *ba-ba*. Ante cualquier intento que haga por producir el sonido, alábelo inmediatamente y anímelo a que continúe produciéndolo, repitiendo usted el sonido que el niño hizo.

4. Varíe el tono de voz y la intensidad cuando diga *ba*. Haga este ejercicio frente al espejo para que se observe él mismo.
5. Enséñele de la misma forma otros sonidos como *ma*, *pa*, etcétera.
6. Realice estas actividades una o dos veces al día, de cinco a 10 minutos y recuerde lo importante que es elogiarlo cada vez que dice el sonido que le pide.
7. Poco a poco retire la ayuda y procure dejar solo al niño por algunos momentos, para que espontáneamente articule los sonidos que le ha enseñado mientras se entretiene con sus juguetes, por lo menos en dos de tres veces seguidas.

42

Objetivo 25

El niño vocalizará cuando desee que lo carguen, en tres de cinco veces seguidas, en una semana.

Material

No se requiere material.

Actividad y procedimiento

1. Coloque al niño sentado en su cuna rodeado de almohadas. Acérquese al niño y si extiende los brazos al tiempo que vocaliza para que lo cargue, inmediatamente cárguelo y festéjelo.
2. Si el niño no vocaliza y en lugar de esto llora, no lo cargue, con-

suélelo hasta que esté callado, dígale que lo va a cargar cuando ya no llore. Una vez que ha conseguido que el niño esté callado, si él le extiende los brazos, sin producir alguna vocalización, cárguelo por no llorar.

3. Coloque nuevamente al niño en su cuna, platique con él y anímelo a que vocalice; si lo hace, cárguelo inmediatamente y dígale: "Muy bien." Repita continuamente cualquier sonido que el niño produzca.

4. Si usted ha sido constante hablándole y animándolo a que vocalice, él aumentará gradualmente sus vocalizaciones y aprenderá que cuando desee que lo carguen tiene que producir alguna vocalización y no debe llorar.

5. No se desespere los primeros días, pues tal vez el niño continúe llorando. Consuélelo y ofrézcale objetos que llamen su atención, hasta que aprenda que no lo cargará si continúa llorando. Repita esta actividad cada vez que tenga oportunidad, recuerde lo importante que es elogiarlo.

6. Repita las actividades hasta que el niño logre hacerlo por lo menos en tres de cinco veces seguidas en una semana.

43

Objetivo 26

El niño vocalizará cuando desee que le den comida, en tres de cinco veces seguidas en una semana.

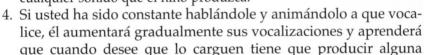

Material

Los alimentos del niño.

Actividad y procedimiento

1. Coloque al niño en la posición que utiliza para darle su alimento. Cuando esté preparando el alimento (biberón o papilla) procure estar cerca del niño, dígale que le está preparando su comida, si el niño produce alguna vocalización, felicítelo e inmediatamente déle su biberón o su papilla.

2. Si el niño no vocaliza y en lugar de esto llora, consuélelo hasta que ya no llore, déle su alimento y dígale que no debe llorar. Una vez que ha conseguido que ya no llore y haya terminado de darle su comida, platique con él, anímelo a vocalizar repitiendo constantemente los sonidos que él ya hace, cuando vocalice alábelo diciéndole: "Muy bien."

3. Si el niño vocaliza antes de darle su comida, alábelo inmediatamente y déle su comida.

4. Si usted lo anima frecuentemente a que produzca vocalizaciones, éstas aumentarán poco a poco y aprenderá a expresarse cuando desee comida y a no llorar.

5. No se desespere, quizá las primeras veces continúe llorando, consuélelo y ofrézcale objetos para llamar su atención, hasta que aprenda que no le dará de inmediato su alimento si continúa llorando.

6. Recuerde elogiarlo cada vez que vocalice cuando desee que le den su alimento. Procure hacer esta actividad una o dos veces al día en un principio, hasta que lo pueda hacer en todos sus alimentos, o logre hacerlo por lo menos en tres de cinco alimentos continuos en una semana.

Objetivo 27

El niño vocalizará cuando desee que le den un juguete, en tres de cinco veces seguidas en una semana.

44

Material

Juguetes llamativos para el niño o su juguete preferido.

Actividad y procedimiento

1. Coloque al niño sentado en su cuna, rodeado de almohadas, si aún no puede sentarse solo. Coloque algunos juguetes cerca de él, pero no totalmente a su alcance, si el niño señala y vocaliza hacia ellos, acérquele el que desea, permitiéndole jugar con él y alábelo diciéndole: "Muy bien."

2. Si el niño no vocaliza cuando desea algún juguete y en lugar de esto llora, no se lo entregue. Consuélelo hasta que cese el llanto, y dígale que le va a dar el juguete porque está callado. Una vez que haya conseguido que el niño ya no llore, si él señala el objeto que desea, sin emitir alguna vocalización, entrégueselo porque no llora.

45

3. Mientras el niño está en su cuna platique con él y anímelo a vocalizar, repita constantemente cualesquiera de las vocalizaciones que el niño ya produce y felicítelo cuando las produzca.

4. Si usted ha sido constante hablándole y animándolo a que vocalice frecuentemente, aprenderá que cuando desee algún juguete tiene que producir alguna vocalización para que se lo den y que si llora no lo tendrá.

5. Utilice juguetes que sean muy atractivos para el niño y realmente quiera obtenerlos.

6. Aproveche cualquier actividad que realice con el niño para pedirle que vocalice, alábelo cada vez que lo haga, sobre todo cuando desee obtener algo, por lo menos en tres de cinco veces seguidas en una semana.

Subcategoría: Sonreír

Objetivo 28

El niño sonreirá al estar jugando solo o acompañado, en tres de cinco veces seguidas.

Material

Los juguetes preferidos por el niño.

Actividad y procedimiento

1. Coloque al niño en la posición más cómoda para jugar con él: encima de la cama, en su cuna, etc. Ahora inicie una situación de juego con él, muéstrele cada uno de los juguetes, muévalos y produzca sonidos con ellos, permita que él los toque y juegue con ellos. Si el niño sonríe al estar jugando felicítelo y anímelo a que continúe jugando.
2. Si el niño no sonríe al estar jugando, estimúlelo. Haga caras y gestos que le provoquen risa, cambie constantemente de juguete, buscando los más atractivos para él. También puede hacerle cosquillas suaves (sin lastimarlo) en los costados de su cuerpo, en la planta de los pies, en su cuello, etc. Anímelo a seguir jugando y elógielo cada vez que sonría.
3. Poco a poco retire la ayuda que le da para que sonría, hasta que al estar jugando, solo o acompañado, el niño sonría espontáneamente, por lo menos en tres de cinco veces seguidas.

Objetivo 29

El niño sonreirá cuando platiquen con él, por lo menos en dos ocasiones seguidas en una semana.

Material

No se requiere material.

Actividad y procedimiento

1. Aproveche cualquier actividad que haga con el niño, cuando esté frente a él, para hablarle o cantarle. Si el niño sonríe felicítelo inmediatamente.

2. Si el niño no sonríe al hablarle, estimúlelo. Mientras platica con él haga gestos y caras chistosas que le provoquen risa. También puede hacerle cosquillas suavemente (sin lastimarlo) en los costados de su cuerpo, en la planta de sus pies, en su cuello, etc., sin dejar de hablarle y animándolo a sonreír.

47

3. Recuerde elogiar al niño cada vez que sonría cuando le estén hablando; pida a otros miembros de la familia que realicen la actividad.

4. Paulatinamente retire la ayuda que le da para que sonría, hasta que logre sonreír cuando platiquen con él, por lo menos en dos ocasiones seguidas en una semana.

Subcategoría: Busca a una persona

Objetivo 30

El niño seguirá con la vista a una persona que se aleja de él, en tres de cinco veces seguidas.

Material

No se requiere material.

Actividad y procedimiento

1. Siente al niño en su cuna, rodéelo de almohadas si aún no puede sostenerse solo. Colóquese frente al niño hablándole o cantándole, espere a que el niño fije la mirada en usted y retírese por un momento de su vista. Pida a otra persona que observe si el niño la sigue con la vista, si es así festéjelo diciéndole: "Muy bien bebé, ahora viene tu mamá."

2. Si el niño no sigue con la vista a la persona que se aleja ayúdelo. Tómelo de su barbilla suavemente y guíe su mirada hacia donde se dirigió la persona, felicítelo cuando haga la actividad.

3. Otra actividad que puede hacer es que cuando la persona se retire, lo haga moviendo un objeto vistoso para llamar la atención del niño. Alabe cualquier intento que haga el niño por dirigir su mirada a la persona que se aleja de su vista.

4. Retire paulatinamente la ayuda hasta que el niño siga con la vista a una persona que se aleja de él, en tres de cinco veces seguidas.

48

Objetivo 31

El niño extenderá los brazos ante la presencia de una persona conocida, en tres de cinco veces seguidas.

Material

No se requiere material.

Actividad y procedimiento

1. Aproveche cualquier actividad que esté haciendo con el niño para que una persona conocida por él (puede ser algún familiar)

le extienda los brazos y le pida que se vaya con él. Si el niño extiende los brazos y acepta que lo carguen alábenlo inmediatamente.

2. Si el niño no extiende los brazos ante la persona conocida, pida a otra persona que conozca muy bien (sus hermanos, su tío, su abuela, etc.) que se acerquen a él y lo animen a extender sus brazos para que lo carguen. Si el niño no extiende los brazos, tómelo suavemente y dirija sus brazos hacia usted, al tiempo que lo carga, felicítelo por extender los brazos hacia la persona que lo desea cargar.

3. Realice la actividad con otra persona conocida por el niño, pídale a la persona que le ofrezca objetos llamativos al niño. Varíe los lugares y las personas conocidas para realizar esta actividad.

4. Conforme el niño haga intentos o extienda sus brazos ante la presencia de personas conocidas, felicítelo al tiempo que lo carga. Retire la ayuda paulatinamente hasta que el niño extienda por sí solo los brazos hacia personas conocidas, por lo menos en tres de cinco veces seguidas.

49

Subcategoría: Responde ante su imagen en el espejo

Objetivo 32

El niño realizará movimientos corporales visibles frente al espejo, a los cinco segundos siguientes de estar frente a éste, en tres de cinco veces seguidas.

Material

Un espejo donde el niño se pueda observar de cuerpo entero.

Actividad y procedimiento

1. Cargue al niño y colóquelo frente a un espejo donde se pueda observar bien; verifique si el niño hace algún movimiento corporal al estar frente al espejo, como mover piernas, manos o su cabeza. Si es así, anímelo y festéjelo diciéndole: "Muy bien, ahí está (diga el nombre del niño)."
2. Si el niño no realiza algún movimiento, ayúdelo: muévale su mano y su pie, juegue con él frente al espejo. Si el niño hace algún intento por mover su cuerpo, cuando se esté observando alábelo inmediatamente.

3. Realice esta actividad por lo menos una vez durante el día, ayude suavemente al niño a hacer los movimientos para no lastimarlo.
4. Retire la ayuda conforme el niño haga los movimientos por sí mismo mientras está frente al espejo, por lo menos en tres de cinco veces seguidas.

Subcategoría: Juego independiente

Objetivo 33

El niño jugará solo con diferentes juguetes y sin llorar, por lo menos durante un minuto en tres de cinco veces seguidas.

Material

Los juguetes preferidos del niño.

Actividad y procedimiento

1. Coloque al niño en una posición cómoda para que pueda jugar (dentro de su cuna, encima de la cama, etc.). Acérquele varios juguetes que llamen su atención: pelotas, sonajas, muñecos que produzcan sonidos, etc. Muéstrele cómo puede jugar con ellos y después aléjese del niño a una distancia desde donde lo pueda observar. Si el niño se entretiene sin llorar con sus juguetes, por lo menos durante un minuto, regrese con él, felicítelo y juegue unos momentos con él.

2. Si el niño no se entretiene por lo menos durante un minuto, si se muestra inquieto o llora, permanezca con él mientras cesa el llanto y juegue con él por unos momentos; vuelva a alejarse poco a poco y deje que se entretenga solo sin intervenir en su juego. Si él nota su ausencia y llora, regrese por un momento (siga sin intervenir en su juego) hasta que cese su llanto y vuelva a retirarse paulatinamente hasta que el niño permanezca jugando solo y sin llorar, por lo menos durante un minuto.

3. Aumente poco a poco el tiempo que deja solo al niño hasta completar un minuto. Recuerde felicitar al niño cada vez que se entretenga solo sin llorar.

4. Proporcione juguetes atractivos para el niño, pero que no le causen daño al manipularlos, evite los objetos pequeños que el niño pudiera introducirse fácilmente en la boca.

Objetivo 34

El niño jugará solo con su cuerpo sin llorar, por lo menos durante un minuto, en tres de cinco veces seguidas.

Material

Cascabeles y listones de colores.

 Actividad y procedimiento

1. Coloque al niño en una posición cómoda para que pueda jugar. Procure que el niño tenga puesta ropa muy ligera (cuide que no haya corrientes de aire que puedan hacerle daño), retírese del niño a una distancia desde donde pueda observarlo. Si el niño se entretiene, sin llorar, con su cuerpo, por lo menos durante un minuto, regrese con él, festéjelo y juegue unos momentos con él.

2. Si el niño no se entretiene con su cuerpo por lo menos durante un minuto, si se muestra inquieto o si llora, permanezca con él mientras cesa su llanto y se tranquiliza. Si al niño no le llaman la atención sus pies o sus manos, cuélguele listones con cascabeles para que al moverlos ponga atención en ellos. Muévale constantemente sus pies y sus manos para que los observe y felicítelo cada vez que se entretenga con ellos. Retírele los cascabeles y los listones paulatinamente, al tiempo que usted se aleja poco a poco; si él nota su ausencia regrese por un momento, sin jugar con él, sólo permanezca junto  a él. Retírese de nuevo y aumente el tiempo que lo deja solo hasta completar un minuto, regrese con el niño y festéjelo por jugar solo con su cuerpo.

3. Recuerde lo importante que es alabar al niño cada vez que se entretiene solo sin llorar, hasta que logre hacerlo por lo menos en tres de cinco veces seguidas

Nivel 2

De seis a 12 meses

CATEGORÍA: LENGUAJE
RECEPTIVO

Subcategoría: Responde a su nombre

Objetivo 35

El niño volteará al escuchar la voz de su mamá o su papá, en una distancia de 50 cm, cuatro de cinco veces seguidas.

Material

No se requiere material.

Actividad y procedimiento

1. Coloque al niño en la posición más cómoda para él o aproveche cualquier otra actividad, como al bañarlo o vestirlo.
2. Acérquese a 50 cm del niño y comience a hablarle, si voltea hacia donde usted se encuentra después de que ha comenzado a hablarle, alábelo inmediatamente, y dígale: "Muy bien, es mamá la que te habla" (o papá según sea él caso).

3. Si el niño no voltea al escuchar la voz de mamá o papá, ayúdelo. Pida al papá que le hable al niño, mientras usted toma suavemente la barbilla del niño y la guía hacia su papá. Felicite al niño si mira a su papá, y deje que papá lo felicite diciéndole: "Muy bien, voltea, es papá el que te habla." Poco a poco suelte la barbilla del niño, mientras su papá continúa hablándole, festeje cada intento que haga el niño por voltear cuando le hablan.

4. Ahora realicen la actividad pero esta vez la mamá le habla al niño, mientras el papá (u otra persona) ayuda al niño a voltear cuando mamá le habla. Elogie cada intento que haga el niño por voltear cuando su mamá le habla.

5. Háblele constantemente al niño diciéndole: "Soy papá (o soy mamá) el (la) que te habla"; varíen los momentos en que le hablen, así el niño aprenderá a reconocer el tono de voz de mamá y el de papá. Varíen los tonos de voz (baja, alta, más grave, etc.) al tiempo que gesticulan exageradamente para lograr captar la atención del niño.

5. Paulatinamente retire la ayuda que le da al niño, hasta que él voltee al escuchar la voz de papá o mamá, por lo menos cuatro veces seguidas.

 Objetivo 36

El niño fijará la vista durante cinco segundos, al escuchar la voz de una persona conocida, cuatro de cinco veces seguidas.

Material

No se requiere material.

Actividad y procedimiento

1. Coloque al niño en una posición cómoda.
2. Colóquese frente al niño y háblele con palabras cariñosas colocando su cara cerca del niño para que él la mire. Si el niño fija la vista en usted después de haberle hablado, por lo menos durante cinco segundos, felicítelo inmediatamente.
3. Si el niño no fija la vista en usted durante cinco segundos, ayúdelo. Coloque su dedo índice en la barbilla del niño y guíela hacia su cara, mientras continúa hablándole. Quizá las primeras veces sólo logre mirar uno o dos segundos, entreténgalo para que paulatinamente aumente el tiempo a cinco segundos.

4. Varíe el tono de voz al tiempo que gesticula exageradamente, para captar la atención del niño. Pida a los demás miembros de la familia que realicen esta actividad, esto ayudará al niño a diferenciar los distintos tonos de voz.
5. Recuerde felicitar al niño cada vez que fije la vista durante cinco segundos. Retire la ayuda que le da al niño, hasta que logre por sí mismo fijar su mirada en la persona que le habla, cuatro de cinco veces seguidas.

 Objetivo 37

El niño fijará la vista durante siete segundos al escuchar que lo llaman por su nombre, cuatro de cinco veces seguidas.

 Material

No se requiere material.

Actividad y procedimiento

1. Coloque al niño en una posición cómoda.
2. Cuando esté frente al niño, llámelo por su nombre colocando su cara cerca del niño para que él la mire. Si el niño fija la vista en usted, por lo menos durante siete segundos, alábelo inmediatamente, al tiempo que le dice: "Muy bien."
3. Si el niño no fija la vista en usted durante siete segundos, ayúdelo. Coloque su dedo índice en la barbilla del niño y guíela hacia usted, mientras continúa llamándolo por su nombre. Quizá las primeras veces sólo logre mirar unos segundos, procure entretenerlo para que gradualmente aumente a siete segundos.

4. Llame al niño de la misma forma siempre para no confundirlo. Varíe el tono de voz al tiempo que gesticula exageradamente para captar la atención del niño. Pida ayuda a los demás miembros de la familia para que realicen la misma actividad, esto le ayudará al niño a diferenciar los distintos tonos de voz.
5. Retire la ayuda que le da al niño, hasta que logre por sí mismo fijar su mirada cuando lo llaman por su nombre, cuatro de cinco veces seguidas.

 ## Objetivo 38

El niño volteará cuando escuche su nombre a una distancia de 50 cm, cuatro de cinco veces seguidas.

 ## Material

No se requiere material.

Actividad y procedimiento

1. Coloque al niño en la posición más cómoda para él o bien aprovéche cualquier otra actividad, como al bañarlo o vestirlo.
2. Pida a una persona conocida que se acerque al niño (a unos 50 cm de distancia) y lo llame por su nombre; si él voltea hacia la persona dígale: "Eso es, te están llamando por tu nombre."
3. Si el niño no voltea cuando lo llaman por su nombre, ayúdelo. Pida de nuevo a la persona (puede ser papá o algún hermano), que le hable por su nombre mientras usted toma suavemente la barbilla del niño y la guía hacia la persona que le habla mientras ésta continúa llamándolo por su nombre. Alabe al niño si intenta voltear hacia la persona que lo llama, diciéndole: "Eso es, voltea, te están llamando." Poco a poco suelte la barbilla del niño, mientras la persona continúa diciendo el nombre del niño. Alabe al niño por cada intento que haga por voltear cuando escuche su nombre.

4. Cada vez que se dirija al niño llámelo por su nombre, de esta forma él se acostumbrará a escucharlo y reconocerá que le están hablando.
5. Pida ayuda a los demás miembros de la familia para que realicen la misma actividad. Varíen los tonos de voz, al tiempo que gesticulan exageradamente, para llamar la atención del niño.

Subcategoría: Despedirse

 Objetivo 39

El niño moverá la mano para decir adiós cuando alguien se lo pide, al mismo tiempo que le demuestra cómo hacerlo, cuatro de cinco veces seguidas.

Material

Cascabeles y un títere (puede hacerlo con un pedazo de tela para el cuerpo y los brazos, y con un cartoncillo para la cara).

Actividad y procedimiento

1. Siente al niño frente a usted e inicie un juego, puede cantarle o mostrarle algunos juguetes. Cuando termine de jugar haga el gesto de decir adiós al niño y enseguida dígale que él lo haga: "Dime adiós", alábelo si lo hace.

2. Si el niño no realiza el movimiento de decir adiós, cuelgue de su mano algunos cascabeles y muévale su mano para que escuche el efecto al sonar éstos, y lo motive a hacer el movimiento.

3. Varíe la actividad, muéstrele un títere y converse un momento con el niño al tiempo que mueve el títere. Cuando termine de platicar dígale: "Adiós amiguito", y mueva la mano del títere, ahora anime al niño a que haga lo mismo que hace el muñeco. Si el niño intenta decir adiós, festéjelo.

4. Aproveche las ocasiones en que alguien se despida del niño para que le digan adiós, anime al niño para que responda de la misma forma y felicítelo cada vez que lo haga.

5. Retire la ayuda paulatinamente hasta que por sí mismo mueva su mano para decir adiós cuando alguien se lo demuestra, por lo menos cuatro de cinco veces seguidas.

58

Subcategoría: Copiar acciones simples

Objetivo 40

El niño imitará correctamente la acción de aplaudir, cuatro de cinco veces seguidas.

Material

Cascabeles, un títere, la música que al niño más le guste.

Actividad y procedimiento

1. Siente al niño frente a usted y póngale la música que más le guste. Al terminar la canción aplauda y pida al niño que también lo haga diciéndole: "Aplaude tu también." Alábelo si lo hace diciéndole: "¡Eso es!, muy bien."

2. Si el niño no aplaude, cuelgue de sus manos algunos cascabeles y muévale sus manos para aplaudir, así el niño verá el efecto al sonar éstos, y lo motivará a aplaudir. Alabe al niño cada vez que intente aplaudir.

3. Varíe la actividad, converse un momento con el niño, al tiempo que hace aplaudir un títere, ahora anime al niño para que haga lo que hace el títere. Si el niño intenta aplaudir, festéjelo y anímelo a que continúe haciéndolo.

4. Aproveche las ocasiones en que termine alguna canción o suceda alguna situación en la que se deba aplaudir, para animar al niño a que aplauda. Festéjelo cada vez que lo haga.

5. Retire la ayuda que le da al niño paulatinamente, hasta que por sí mismo mueva sus manos para aplaudir, cuando alguien se lo demuestra, por lo menos cuatro de cinco veces seguidas.

Objetivo 41

El niño imitará correctamente la acción de lanzar besos, cuatro de cinco veces seguidas.

Material

Listones de colores (amarillo, rojo) y cascabeles.

Actividad y procedimiento

1. Coloque al niño en una posición cómoda.
2. Colóquese frente al niño y mándele un beso con la mano, ahora pídale al niño que él también lo haga diciéndole: "Mándame un beso." Alábelo si lo hace.
3. Si el niño no realiza la acción, cuelgue de su mano algunos listones de colores o algunos cascabeles y muévale su mano para mandar besos; así el niño verá el efecto al sonar y moverse éstos y lo motivará a mandar besos. Felicite al niño cada vez que intente hacer el movimiento.
4. Aproveche las ocasiones cuando alguien se despida del niño para que le mande un beso y anime al niño para que le responda de la misma forma. Felicítelo cada vez que lo haga.
5. Retire paulatinamente la ayuda que le da al niño hasta que por sí mismo mueva su mano para mandar besos cuando alguien se lo demuestre, por lo menos cuatro de cinco veces seguidas.

Subcategoría: Realiza una orden simple

Objetivo 42

El niño se detendrá momentáneamente cuando esté realizando alguna actividad inapropiada al escuchar la palabra *no*, cuatro de cinco veces seguidas.

Material

Juguetes u objetos del niño.

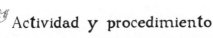

Actividad y procedimiento

1. Aproveche cualquier actividad inapropiada que está haciendo el niño (como aventar la comida, tirar objetos al piso, romper algún cuaderno, etc.) para pedirle que suspenda la actividad diciéndole *no*. Explíquele por qué no debe continuar con la actividad, si el niño suspende la actividad, felicítelo.

2. Si el niño no suspende la actividad al pedírselo, deténgalo tomando suavemente sus manos o retirándole el objeto que está destruyendo o tirando. Explíquele siempre por qué no debe continuar con esa actividad y dígale que debe cuidar las cosas.

3. Cada vez que el niño intente suspender una actividad inapropiada cuando se lo pidan, felicítelo y déle la explicación correspondiente. Retire poco a poco la ayuda y las felicitaciones, hasta que por sí solo se detenga ante la palabra *no*, cuatro de cinco veces seguidas.

61

Observaciones

Procure siempre retirar del alcance del niño los objetos que representen algún peligro para él, como tijeras, cuchillos o sustancias que pueda ingerir por accidente (cloro, alcohol, etc.).

Objetivo 43

El niño acercará sus manos ante un objeto después de decirle *toma*, cuatro de cinco veces seguidas.

Material

Juguetes llamativos para el niño (globos, cascabeles, etc.).

 Actividad y procedimiento

1. Colóquese frente al niño y ofrézcale algún objeto o juguete atractivo, al tiempo que le dice: "Toma", si el niño acerca las manos hacia el juguete, entrégueselo, y dígale: "Muy bien, toma el (nombre del juguete)."

2. Si el niño no acerca sus manos al juguete, ayúdelo. Acérquele sus manos hacia el juguete, al tiempo que le dice: "Toma", si el niño intenta acercar sus manos al juguete, alábelo y anímelo a que lo tome.

3. Siempre ofrezca objetos llamativos o aproveche para ofrecerle frutas o galletas, festejando al niño cada vez que acerque sus manos y tome lo que le ofrecen.

4. Repita varias veces la actividad durante el día, hasta que el niño acerque sus manos a un objeto al decirle *toma*, por lo menos cuatro de cinco veces seguidas.

`62`

 Objetivo 44

El niño acercará algún objeto hacia la mano de otra persona después de decirle *dame*, cuatro de cinco veces seguidas.

 Material

Juguetes llamativos para el niño (globos, cascabeles, etc.).

Actividad y procedimiento

1. Aproveche cualquier actividad que el niño realice para pedirle algún objeto, diciéndole: "Dame (objeto que quiera que le dé)", si el niño acerca el juguete hacia las manos de usted, felicítelo.

2. Si el niño no acerca el objeto hacia usted, ayúdelo. Tómelo suavemente de la mano en que sostiene el objeto y guíelo hacia usted, tome el objeto con suavidad, al tiempo que lo felicita y le da las gracias. Regrese el objeto al niño y permita que juegue con él unos instantes, pídale nuevamente el juguete, y si el niño hace algún intento por entregárselo, elógielo y anímelo a que se lo entregue.

3. Repita la actividad anterior varias veces, cambiando los objetos y lugares, hasta que el niño acerque el objeto que se le pide, al decirle *dame*, alabándolo cada vez que lo haga, por lo menos cuatro de cinco veces seguidas.

 ## Objetivo 45

El niño entregará al mismo tiempo dos objetos que sostiene, después de decirle *dámelos*, cuatro de cinco veces seguidas.

 ## Material

Objetos o juguetes del niño.

 ## Actividad y procedimiento

1. Siente al niño frente a usted y permita que juegue con dos juguetes que el niño pueda sostener en sus manos, por unos momentos. Después pídaselos diciéndole "dámelos", si el niño

acerca los juguetes hacia las manos de usted, alábelo diciéndole: "Muy bien, gracias."

2. Si el niño no acerca los objetos, ayúdelo. Tome suavemente sus manos y guíelas hacia usted para tomar los objetos con suavidad, al tiempo que lo felicita y le da las gracias. Regrésele los juguetes al niño y permita que juegue con ellos unos instantes. Pídale nuevamente los juguetes, y si el niño intenta entregárselos, felicítelo y anímelo a que se los entregue.

3. Procure ofrecerle siempre juguetes atractivos para el niño. Recuerde alabarlo cada vez que se los entregue.

4. Repita la actividad anterior varias veces, cambie los objetos y lugares, hasta que el niño logre entregar dos objetos al mismo tiempo, cuando se los pidan. Felicítelo cada vez que los entregue por lo menos cuatro de cinco veces seguidas.

64

CATEGORÍA: LENGUAJE EXPRESIVO

Subcategoría: Vocalización

Objetivo 46

El niño vocalizará espontáneamente sílabas compuestas por una consonante y una vocal, en distintas actividades que realice, cuatro de cinco veces seguidas.

Material

Un espejo grande.

Actividad y procedimiento

1. Aproveche cualquier actividad que realice con el niño, como bañarlo, darle de comer, jugar con él, etc., para observar si pronun-

cia algunas sílabas compuestas por una consonante y una vocal (*pa*, *bo*, *mi*, etc.). Si el niño pronuncia estas sílabas, festéjelo diciéndole: "Muy bien", y anímelo a seguirlas produciendo repitiéndolas usted constantemente.

2. Si el niño no lo hace, ayúdelo. Colóquense frente a un espejo y pronuncie este tipo de sílabas, como: *pa-pa-pa*, *ma-ma-ma*, etc.; mueva su boca exageradamente, para que el niño observe y trate de imitarla. Ante cualquier sonido que el niño produzca, alábelo y anímelo a que siga produciéndolos. Repita usted cada sonido que el niño haga, por corto y suave que sea éste.

3. Varíe el tono de voz y la intensidad cuando repita los sonidos que el niño produce, haga la actividad en forma de juego para que el niño se anime a seguirlos haciendo.

4. Realice la actividad dos o tres veces al día, ante distintas situaciones por cinco o 10 minutos, para evitar que el niño se aburra o se canse.

5. Conforme el niño pronuncie estas sílabas espontáneamente ante distintas actividades que realice, retire gradualmente la ayuda que le da, hasta que las articule por lo menos en cuatro de cinco veces seguidas.

Objetivo 47

El niño articulará sonidos aproximados al nombre de un juguete, cuando éste se le presente, cuatro de cinco veces seguidas.

Material

Juguetes que llamen la atención del niño.

Actividad y procedimiento

1. Siente al niño frente a usted. Coloque algunos juguetes cerca de él, pero no a su alcance, muéstrele uno por uno y pregúntele cómo se llaman, si el niño dice sílabas aproximadas al nombre del juguete, alábelo diciéndole: "Muy bien, se llama (nombre del juguete)", y permítale que juegue con él.

2. Si el niño no dice el nombre aproximado del juguete que se le enseña, permítale que juegue con él, y mientras el niño lo tiene, repita constantemente el nombre del objeto diciéndole el nombre del juguete despacio y con claridad, por ejemplo: "Es una pe-lo-ta", para que el niño lo escuche y trate de repetirlo. Nuevamente pregúntele al niño cómo se llama al tiempo que señala el juguete, si el niño intenta pronunciar el nombre del juguete, felicítelo y anímelo a que continúe hablando.

3. Poco a poco preséntele distintos juguetes al niño que sean muy atractivos para él para que diga el nombre aproximado de cada uno de ellos. Si usted ha sido constante, es decir, si le habla y lo anima a hablar frecuentemente, paulatinamente aprenderá el nombre de los juguetes.

4. Aproveche cualquier juego que tenga con el niño para pedir que diga el nombre de sus juguetes. Elógielo cada vez que lo haga, por lo menos cuatro de cinco veces seguidas.

 ## Objetivo 48

El niño articulará sonidos aproximados al nombre de sus alimentos (pan, agua, leche), cuando desee que le den comida, cuatro de cinco veces seguidas.

 ## Material

Los alimentos del niño.

Actividad y procedimiento

1. Coloque al niño en la posición que utiliza para darle su alimento. Cuando esté preparando su comida, coméntele que le está cocinando sus alimentos diciéndole, por ejemplo: "Te estoy calentando tu leche." Si el niño pronuncia un sonido aproximado a *leche*, alábelo diciéndole: "Muy bien es tu le-che" e inmediatamente désela.

2. Si el niño no articula algún sonido, déle su comida y mientras dígale: "Estás tomando tu le-che" (o mencione el nombre de lo que le está dando), diga la palabra despacio y con claridad, para que el niño la escuche y trate de repetirla. Cuando el niño no tenga alimento en la boca pregúntele qué es lo que está comiendo, al tiempo que señala la comida, si el niño intenta decir el nombre del alimento  alábelo, y déle más alimento. Anímelo a que continúe hablando, repitiendo constantemente los sonidos que el niño produzca.

3. Preséntele poco a poco distintos alimentos, como: pan, agua, galletas, etc., que le gusten mucho, para que lo estimulen a decir el nombre de éstos. Si usted ha sido constante, es decir, si le habla frecuentemente y lo anima a vocalizar el nombre de sus alimentos, paulatinamente aprenderá el nombre de cada uno de ellos.

4. Aproveche cualquier ocasión en que el niño quiera que le den algo de comer para animarlo a hablar diciéndole: "¿Qué es lo que quieres?" Alábelo cada vez que haga el intento de decir el nombre aproximado de sus alimentos, por lo menos cuatro de cinco veces seguidas.

Categoría: Socialización

 ### Objetivo 49

El niño realizará gestos de agrado ante personas conocidas cuando éstas se acerquen, cuatro de cinco veces seguidas.

Material

No se requiere material.

Actividad y procedimiento

1. Aproveche cualquier actividad que realice con el niño, como: bañarlo, darle de comer, jugar con él, etc., para platicar con él. Pida a algún familiar (hermano, primo, tío, etc.) que se acerquen al niño, y si al acercarse el niño hace expresiones de agrado, alábelo diciéndole: "Mira quién viene, es (diga quién es)", y permítale que juegue con él.

2. Si el niño no hace expresiones de agrado cuando se acerca alguna persona conocida, pídale a la persona que le muestre algún juguete atractivo, para así llamar su atención y animarlo a que muestre agrado por la persona que se le acerca. Si el niño hace algún gesto cuando se acercan a él con el objeto, felicítelo y anímelo a que continúe haciéndolo.

3. Procure que quien se acerque al niño sea una persona muy conocida por él, para que el niño dé muestras de agrado espontáneamente. No trate de forzar al niño a sonreír o hacer gestos de agrado hacia personas que no conoce, pues sólo logrará asustarlo.

4. Procure que sólo se presente una persona a la vez ante el niño, para así no distraer su atención.

5. Recuerde felicitar al niño cada vez que muestre agrado por alguna persona conocida cuando se acerque a él, por lo menos en cuatro de cinco veces seguidas.

Objetivo 50

El niño vocalizará al escuchar su nombre, después de haberlo oído, cuatro de cinco veces seguidas.

Material

No se requiere material.

Actividad y procedimiento

1. Aproveche cualquier actividad que realice con el niño para llamarlo por su nombre. Si el niño responde con cualquier vocalización, felicítelo diciéndole: "Muy bien, así te llamas tú."
2. Si el niño no vocaliza al escuchar su nombre, ayúdelo. Llámelo constantemente por su nombre al realizar cualquier actividad. Aléjese de él por unos momentos, después regrese y cerca de él diga su nombre; si el niño dice cualquier vocalización felicítelo y anímelo a que siga haciéndola, repitiéndoselas constantemente.
3. Llame al niño constantemente por su nombre, de esta forma lo acostumbrará a oírlo y él entenderá que se están refiriendo a él. Pida ayuda a los demás miembros de la familia para que realicen la misma actividad, esto le ayudará al niño a diferenciar los distintos tonos de voz y lo animará a convivir con ellos. Pídales que feliciten al niño cuando al llamarlo por su nombre él vocalice, por lo menos en cuatro de cinco veces seguidas.

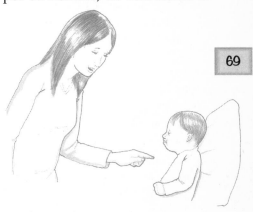

69

Subcategoría: Imita sonidos del habla

Objetivo 51

El niño articulará diptongos correctamente, cuando otra persona los diga cerca de él, cuatro de cinco veces seguidas.

Material

Un espejo grande.

Actividad y procedimiento

1. Aproveche cualquier actividad que realice con el niño para decir diptongos como: *ao, ui, eo*, etc. Si el niño los reproduce cuando usted los dice frente a él, alábelo inmediatamente diciéndole: "Muy bien, así se hace."

2. Si el niño no reproduce el diptongo ayúdelo. Repita la vocal que más dice el niño, por ejemplo *aa*, felicite al niño cada vez que la repita. Después hágalo con otra vocal, por ejemplo *oo*, alabando al niño cada vez que la repita. Ahora anime al niño a repetir las dos juntas diciéndole *aaaa-ooo*, colóquense frente a un espejo y repítalas para que él observe cómo lo hace usted, anime al niño a que las repita diciéndole: "Ahora, hazlo tu." Elogie cualquier intento que el niño haga por imitar las vocales que usted produce.

3. Conforme el niño haga sonidos aproximados a los que le pida, retire la ayuda, y enséñele nuevas formas de combinar las vocales. Haga combinaciones conforme el niño avance.

4. Realice la actividad anterior una o dos veces al día, de cinco a 10 minutos. Recuerde lo importante que es felicitar al niño cada vez que reproduzca los diptongos.

Objetivo 52

El niño imitará correctamente la palabra *mamá*, cuando otra persona la diga, cuatro de cinco veces seguidas.

Material

Un espejo grande.

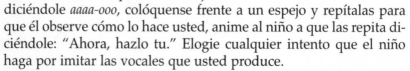

Actividad **y** procedimiento

1. Colóquese frente al niño y pídale que diga *mamá*, si el niño lo hace correctamente alábelo diciéndole: "Muy bien, yo soy tu mamá."

2. Si el niño no dice correctamente *mamá*, ayúdelo. Colóquense ambos frente a un espejo y muéstrele cómo debe colocar sus labios para decir *m* (deben estar muy juntos), después abra su boca para producir la *a*, exagerando la posición de la boca para que el niño pueda observarla. Anime al niño para que lo haga diciéndole: "Ahora di mamá, mmaa-mmáá." Ante cualquier intento que el niño haga por decir *mamá*, alábelo y anímelo a que continúe haciéndolo, repitiendo usted el sonido que el niño emitió.
3. Varíe el tono de voz y la intensidad, haga la actividad en forma de juego, para que el niño no se aburra. Realice esta actividad una o dos veces al día, de cinco a 10 minutos para evitar que el niño se canse.
4. Felicite al niño cada vez que diga correctamente *mamá* después de que otra persona lo haga, por lo menos cuatro de cinco veces seguidas.

71

 Objetivo 53

El niño imitará correctamente la palabra *papá*, cuando otra persona la diga, cuatro de cinco veces seguidas.

 Material

Un espejo grande.

 Actividad **y** procedimiento

1. Colóquese frente al niño y pídale que diga *papá*. Si el niño lo dice correctamente alábelo diciéndole: "Muy bien, así se dice."

2. Si el niño no dice correctamente *papá*, ayúdelo. Colóquense ambos frente a un espejo y muéstrele cómo debe colocar sus labios para decir la *p* (de forma muy junta y ligeramente fruncidos), después abra su boca para producir la *a*, exagere la posición de la boca para que el niño pueda observarla. Anime al niño para que él lo haga diciéndole: "Ahora di papá." Ante cualquier intento que el niño haga por decir *papá*, alábelo y anímelo a que continúe haciéndolo, repitiendo usted constantemente el sonido que el niño emitió.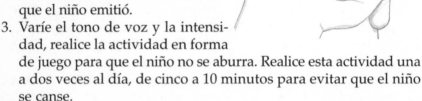

3. Varíe el tono de voz y la intensidad, realice la actividad en forma de juego para que el niño no se aburra. Realice esta actividad una a dos veces al día, de cinco a 10 minutos para evitar que el niño se canse.

4. Alabe al niño cada vez que diga *papá* después de que otra persona la diga frente a él, por lo menos cuatro de cinco veces seguidas.

Objetivo 54

El niño pronunciará aproximadamente la palabra *mamá*, cuando ésta se acerque o se retire de él, cuatro de cinco veces seguidas.

Material

No se requiere material.

Actividad y procedimiento

1. Aproveche cualquier actividad que realice el niño para acercarse o alejarse de él. Si éste espontáneamente la llama *mamá* (en forma aproximada), alábelo diciéndole: "Muy bien, yo soy tu mamá."

2. Si cuando mamá se acerca o se retira el niño no la llama, ayúde-lo. Siéntese frente a él platicando y jugando, dígale: "Yo soy tu *mmaa-mmáá*", dígalo despacio para que el niño pueda observar cómo lo dice. Ahora, mientras hace sus demás actividades, acérquese y retírese del niño frecuentemente, para que él note su presencia. Si al hacerlo el niño intenta decirle *mamá* felicítelo diciéndole: "Eso es, dime mamá."

3. Si al niño aún le cuesta trabajo decir aproximadamente la síla-ba *ma*, colóquense ambos frente a un espejo y muéstrele cómo puede hacerlo, alabando al niño cada vez que intente producir el sonido.

4. Festeje al niño si éste hace cualquier intento por decir *mamá*, por lo menos cuatro de cinco veces seguidas.

73

Objetivo 55

El niño pronunciará aproximadamente la palabra *papá*, cuando éste se acerque o se retire de él, cuatro de cinco veces seguidas.

Material

No se requiere material.

Actividad y procedimiento

1. Aproveche cualquier actividad que realice el niño para que el papá se acerque o se retire de él. Si éste espontáneamente lo llama *papá* (en forma aproximada), alábelo diciéndole: "Muy bien, yo soy tu papá."

2. Si el niño no intenta decirle *papá*, ayúdelo. Siéntese frente al niño y platique, juegue con él, y repítale varias veces: "Yo soy tu *ppaa-ppáá*", dígalo despacio para que el niño observe cómo lo dice. Cuando el niño lo esté viendo, aléjese de él mientras realiza otra actividad, procurando acercarse y retirarse frecuentemente para que él note su presencia, si durante estos acercamientos y alejamientos el niño intenta decirle *papá*, en forma aproximada (aunque sólo diga *pa*), alábelo diciéndole: "Muy bien, soy tu papá."

3. Si al niño aún se le dificulta decir *pa*, colóquense ambos frente a un espejo y muéstrele cómo debe colocar sus labios para decir *pa*, alabe al niño cada vez que intente producir el sonido.

4. Varíe las ocasiones en que se acerque o se aleje del niño. Si el niño hace cualquier intento por decir la palabra *papá*, por lo menos cuatro de cinco veces seguidas, felicítelo.

Subcategoría: Expresa deseos sin llorar

Objetivo 56

El niño señalará un objeto cuando lo desea, cuatro de cinco veces seguidas.

Material

Juguetes llamativos para el niño o su juguete preferido.

Actividad y procedimiento

1. Coloque al niño frente a usted y ponga varios juguetes cerca de él, pero no a su alcance. Si el niño los señala acérquele el que desea, permitiéndole jugar con él y alábelo diciéndole: "Muy bien, éste es el que quieres."

2. Si el niño no señala el juguete que desea y en lugar de eso llora, no le entregue ningún juguete, consuélelo hasta que cese el llanto, y dígale que le va a dar el juguete si está callado. Una vez que ha conseguido que el niño ya no llore, muéstrele un juguete a la vez hasta que el niño extienda su mano para señalar el que desea, entrégueselo diciéndole:  "Eso es, si no lloras y me dices qué juguete quieres, yo te lo entrego."

3. Utilice juguetes que sean muy atractivos para el niño para que realmente quiera obtenerlos.

4. Si usted ha sido constante, es decir, si lo anima para que señale el juguete que desea obtener, poco a poco el niño aprenderá a no llorar cuando lo quiera, sino a señalarlo.

5. Aproveche cualquier actividad para pedirle al niño que siempre señale (si vocaliza es mejor) lo que desea, alabándolo cada vez que lo haga, por lo menos cuatro de cinco veces seguidas.

75

 Objetivo 57

El niño señalará y vocalizará correctamente, cuando se le pregunte dónde está algún objeto, cuatro de cinco veces seguidas.

 Material

Objetos o juguetes conocidos por el niño.

Actividad y procedimiento

1. Coloque al niño frente a usted, y ponga enfrente del niño varios juguetes, platique y juegue con él. Durante el juego aproveche para preguntarle por algún juguete diciéndole: ¿Dónde está (nombre de un juguete)?, si el niño señala y vocaliza correctamente el juguete, felicítelo diciéndole: "Muy bien, ese es (nombre del juguete)."

2. Si el niño no señala o no vocaliza correctamente el juguete por el que se le preguntó, corríjalo diciéndole: "Mira, este es (nombre del juguete)", continúe mostrándole los juguetes que tiene enfrente, diciéndole: "Mira, ésta es tu sonaja, esta tu pelota…" Una vez que le haya mostrado cada uno de los juguetes, pregúntele nuevamente por el que más le haya llamado la atención. Si el niño intenta señalar y vocalizar el objeto, alábelo diciéndole: "Muy bien, ese es 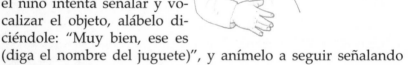 (diga el nombre del juguete)", y anímelo a seguir señalando otros juguetes.

3. Pregunte al niño por los juguetes que más le gusten y anímelo a señalar correctamente cuando se le pregunte por ellos, cuatro de cinco veces seguidas.

Subcategoría: Imita un ruido

 Objetivo 58

El niño imitará correctamente el sonido del coche, después de presentárselo, en tres de cinco presentaciones seguidas.

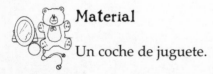 **Material**

Un coche de juguete.

Actividad y procedimiento

1. Aproveche cualquier juego que realice con el niño para pedirle que reproduzca el sonido del coche diciéndole: "Vamos a hacer como hace un coche", al tiempo que le enseña un coche de juguete y dice *run-run-run*, alabe al niño si después de que hizo usted el sonido, él lo hace también, diciéndole: "Muy bien, así hacen los coches."

2. Si el niño no reproduce el sonido del coche, ayúdelo. Siéntense en el piso y platique con el niño acerca del coche, dígale que tiene cuatro ruedas, de qué color es, dónde tiene el motor, etc. Dígale nuevamente que los coches hacen *run-run-run*, al tiempo que desliza el coche por el piso para que vea cómo se desplaza. Anime al  niño a que produzca el sonido, diciéndole: "Ahora tú haz como hacen los coches", y permítale que juegue con él. Si el niño intenta producir el sonido del coche, alábelo diciéndole: "Eso es, así hacen los coches", y continúe animándolo a que lo haga repitiendo usted los ruidos que hace el niño.

3. Varíe la actividad, muéstrele cómo hacen los coches que van en la calle y anímelo a que reproduzca el sonido. O, jueguen a que van de paseo en un coche, tome los brazos del niño simulando que van manejando un coche, al tiempo que reproducen el sonido *run-run-run*.

4. Elogie al niño por cualquier intento que haga de producir el sonido de un coche y anímelo a que siga haciéndolo. Repita las actividades dos o tres veces al día, hasta que el niño imite correctamente el sonido del coche, después de que usted le demuestra cómo hacerlo, por lo menos en tres de cinco presentaciones seguidas.

 ## Objetivo 59

El niño imitará correctamente el sonido de un tren, después de presentarlo, en tres de cinco presentaciones seguidas.

Material

Un tren de juguete (puede ser uno hecho por usted con cartoncillo).

 ## Actividad y procedimiento

1. Aproveche cualquier juego que realice con el niño para pedirle que haga el sonido de un tren, al tiempo que le muestra un tren de juguete y dice *pu-pu*; alabe al niño si después de que hizo usted el sonido, él también lo hace diciéndole: "Muy bien, así hacen los trenes."

2. Si el niño no reproduce el sonido del tren, ayúdelo. Siéntense en el piso y platiquen acerca del tren, dígale que tiene ruedas, que tiene varios vagones, y que hace *pu-pu-pu*, al tiempo que rueda el tren sobre el piso para que vea cómo avanza. Anime al niño a que produzca el sonido, diciéndole: "Ahora  haz tú como hacen los trenes", y permítale que juegue con él. Si el niño intenta producir el sonido del tren, alábelo diciéndole: "Eso es, así hacen los trenes." Continúe animándolo a que lo haga, repitiendo los ruidos que produce el niño.

3. Varíe la actividad, enseñe al niño los trenes que pasan por la ciudad, pregúntele cómo hacen éstos animándolo a que reproduzca el sonido. O bien, jueguen que van de paseo en un tren, tome los brazos del niño y simulen que van manejando un tren, al tiempo que producen el sonido *pu-pu-pu*.

4. Puede cantarle alguna canción, por ejemplo: *La maquinita*, de Cri-Cri, subiendo el volumen de la voz al producir el sonido del tren:

Pu-pu-pu, pu-pu-pu.
Va la maquinita echando humo de algodón.
Pu-pu-pu, pu-pu-pu.
Todos los muñecos se fueron de excursión, y desde las ventanillas por

los campos se pueden ver a los toros y vaquillas ocupados en comer. Pu-pu-pu, pu-pu-pu.
¡Oh!, qué divertido es poder así viajar.
Pu-pu-pu, pu-pu-pu.
Por un túnel negro el trenecito va a pasar. A los pobres muñequitos asustó la oscuridad. Qué contentos se pusieron al volver la claridad. Pu-pu-pu, pu-pu-pu.
Va el ferrocarril como si fuera de verdad.

5. Repita varias veces las actividades, hasta que el niño produzca correctamente el sonido del tren, sin olvidar felicitarlo cada vez que haga el sonido, por lo menos en tres de cinco presentaciones seguidas.

Objetivo 60

El niño imitará correctamente el sonido de la campana, después de presentárselo, en tres de cinco presentaciones seguidas.

79

Material

Una campana.

Actividad y procedimiento

1. Aproveche cualquier actividad que realice con el niño para pedirle que reproduzca el sonido de la campana, al tiempo que le enseña una campana y dice *tan-tan-tan*. Alabe al niño si después de que hizo usted el sonido, él lo hace también diciéndole: "Muy bien, así suena la campana."

2. Si el niño no reproduce el sonido de la campana, ayúdelo. Siéntese frente al niño y platique con él acerca de la campana diciéndole que hay unas grandes y otras más chicas, que suenan diferente, que hace *tan-tan-tan*, al tiempo que suena la campana varias veces. Anime al niño a que produzca el sonido, diciéndole: "Ahora haz tú como suena la campana", y permítale que él

suene la campana. Si el niño intenta producir el sonido de la campana, alábelo diciéndole: "Eso es, así suena la campana", y continúe animándolo a que lo haga, repitiendo usted los ruidos que hace el niño.

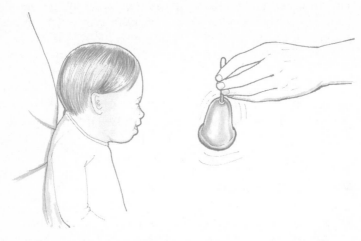

3. Varíe la actividad, cuelgue pequeñas campanas en las manos del niño y anímelo a que las mueva y así escuche su sonido.

4. O bien, cuando vaya por la calle y oiga alguna campana sonar (de alguna iglesia, del paletero, etc.) anime al niño a que haga como la campana diciéndole: "Escucha cómo suena la campana, ahora hazlo tú." Felicítelo cada vez que lo haga correctamente.
5. Repita varias veces las actividades, hasta que el niño produzca correctamente el sonido de la campana, sin olvidar alabarlo cada vez que reproduzca el sonido, por lo menos en tres de cinco presentaciones seguidas.

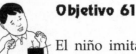

Objetivo 61

El niño imitará correctamente el ladrido de un perro, después de la presentación del sonido, en tres de cinco presentaciones seguidas.

Material

Un perro de juguete.

Actividad y procedimiento

1. Aproveche cualquier actividad que realice con el niño para decirle: "Vamos a ladrar como el perro", al tiempo que le enseña el perro de juguete y dice *guau-guau*, alabe al niño si después de que hizo usted el ladrido, él lo hace también, diciéndole: "Muy bien, así ladra el perro."

2. Si el niño no reproduce el ladrido del perro, ayúdelo. Siéntese enfrente del niño y platique con él acerca del perro diciéndole que tiene cuatro patas, que mueve la cola, y que hace *guau-guau-guau*, al tiempo que mueve el perro de juguete. Anime al niño a que produzca el ladrido, diciéndole: "Ahora ladra tú como lo hace el perro", y permítale que juegue con el perro. Si el niño intenta hacer el ladrido del perro, felicítelo diciéndole: "Eso es, así ladra el perro", y continúe animándolo a que lo haga, repitiendo usted los ladridos que produce el niño.

3. Varíe la actividad, juegue con él a que son perros colocándose ambos en posición de gateo y desplazándose por el cuarto, al mismo tiempo que dicen *guau-guau*.

4. Puede cantarle alguna canción, por ejemplo: *Al perrito le duele la muela*, de Cri-Cri, alzando la voz cada vez que produzca el ladrido del perro:

Al perrito le duele la muela.
No podrá ir mañana a la escuela.
Guau, guau, guau, guau.
Al perrito le duele la muela.
Y no quiero que al pobre le duela.
Guau, guau, guau, guau.

5. O bien, cuando oiga ladrar a un perro, anímelo a que lo imite diciéndole: "Escucha cómo ladra el perro, haz tú como él." Felicítelo cada vez que lo haga correctamente.

6. Repita varias veces las actividades, hasta que el niño produzca correctamente el ladrido del perro. No olvide felicitarlo cada vez que reproduzca el ladrido, por lo menos en tres de cinco presentaciones seguidas.

Objetivo 62

El niño imitará correctamente el maullido del gato, después de la presentación del sonido, en tres de cinco presentaciones seguidas.

Material

Un gato de juguete.

Actividad y procedimiento

1. Aproveche cualquier actividad que realice con el niño para pedirle que reproduzca el maullido del gato, al tiempo que le enseña el gato de juguete y dice *miau-miau*, alabe al niño si después que hizo usted el maullido, él lo hace también, diciéndole: "Muy bien, así maulla el gato."

2. Si el niño no reproduce el maullido del gato, ayúdelo. Siéntese frente al niño y platique con él acerca del gato diciéndole que tiene cuatro patas, que es peludo, que tiene cola larga, y que hace *miau-miau-miau*, al tiempo que mueve el gato de juguete. Anime al niño a que produzca el maullido, diciéndole: "Ahora haz tú como hace el gato", y permítale que él juegue con el gato. Si el niño intenta producir el maullido del gato, alábelo diciéndole: "Eso es, así maulla el gato", y continúe animándolo a que lo haga, repitiendo usted los ruidos que el niño produce.

3. Varíe la actividad, juegue con él a que son gatos, colocándose ambos en posición de gateo y desplazándose por el cuarto, al mismo tiempo que reproducen el maullido del gato.

4. O bien, cuando oiga maullar a un gato, anímelo a que haga como el gato diciéndole: "Escucha cómo maulla el gato, haz tú como él." Felicítelo cada vez que lo hace correctamente.

5. Repita varias veces las actividades, hasta que el niño produzca correctamente el maullido del gato. No olvide festejarlo cada vez que reproduzca el maullido, por lo menos tres de cinco presentaciones seguidas.

Objetivo 63

El niño imitará correctamente el piar del pollo, después de la presentación del sonido, en tres de cinco presentaciones seguidas.

Material

Un pollo de juguete.

Actividad y procedimiento

1. Aproveche cualquier juego que realice con el niño para decirle: "Vamos a piar como el pollo", al tiempo que le enseña un pollo de juguete y dice *pío-pío-pío*, alabe al niño si después de que hizo usted el sonido, él lo hace también, diciéndole: "Muy bien, así hace el pollo."
2. Si el niño no reproduce el piar del pollo, ayúdelo. Siéntese frente al niño y platique con él acerca del pollo diciéndole que tiene dos patas, que tiene un pico, y que hace *pío-pío-pío-pío*, al tiempo que mueve el pollo. Anime al niño a que produzca el sonido del pollo, diciéndole: "Ahora haz tú como hace el pollo", y permítale que él juegue con el pollo. Si el niño intenta producir el piar del pollo, alábelo diciéndole: "Eso es, así hace el pollo." Continúe animándolo a que lo haga repitiendo los sonidos que el niño produce.

3. Varíe la actividad, cántele alguna canción, alzando la voz cada vez que haga el sonido del pollo. Por ejemplo:

Los pollitos dicen pío, pío, pío cuando tienen hambre, cuando tienen frío.
La mamá les procura el maíz y el trigo.
Cinco pollitos tiene mi tía, uno le canta, otro le pía y tres juegan con la chirimía, pío, pío, pío, pío.

4. Repita varias veces las actividades, hasta que el niño haga correctamente el piar del pollito. No olvide felicitarlo cada vez que reproduzca el sonido del pollo, por lo menos en tres de cinco presentaciones seguidas.

 Objetivo 64

El niño imitará correctamente el berreo del borrego, después de la presentación del sonido.

 Material

Un borrego de juguete o una ilustración.

 Actividad y procedimiento

1. Aproveche cualquier actividad que realice con el niño para pedirle que produzca el berreo del borrego, al tiempo que le muestra un borrego de juguete (o una ilustración) y dice *bee-bee-bee*, anímelo a que él lo haga diciéndole: "Ahora hazlo tú." Alabe al niño si reproduce el berreo diciéndole: "Eso es, así hace el borrego."

2. Si el niño no reproduce el sonido, ayúdelo. Platíquele al niño las características del borrego, por ejemplo: que tiene cuatro patas y da lana, que come pasto y que hace *bee-bee-bee*. Anime al niño a que reproduzca el sonido diciéndole: "Ahora, haz tú como hacen los

borregos." Si el niño intenta reproducir el sonido, felicítelo y anímelo a que continúe haciéndolo, diciéndole: "Eso es, así hacen los borregos."

3. Cuando tenga la oportunidad, lleve al niño a visitar algún lugar donde haya borregos, y anímelo a que imite el berreo que hacen éstos, felicitándolo cada vez que lo haga.

CATEGORÍA: SOCIALIZACIÓN

Subcategoría: Responde ante su imagen en el espejo

Objetivo 65

El niño se mirará y observará en el espejo, por lo menos durante un minuto, dos de tres veces seguidas.

Material

Un espejo grande, donde el niño se pueda observar de cuerpo entero.

Actividad y procedimiento

1. Cargue al niño en sus brazos y colóquelo frente al espejo. Verifique que el niño se observe en éste por lo menos durante un minuto. Si es así, alábelo diciéndole: "Muy bien, ahí estás tú."

2. Si el niño no se observa en el espejo, ayúdelo. Golpee suavemente con sus dedos en el espejo para llamar su atención diciéndole: "Mira quién está ahí, eres tú." Puede colgar algunos cascabeles en las manos del niño y moverlas frente al espejo, anímelo a que se mire diciéndole: "Ve cómo se mueven tus manos." Juegue con

él frente al espejo, si el niño hace algún intento por observarse, anímelo diciéndole: "Tócate tu pelo, mira tus ojos, ve tu boca", etcétera.

3. Realice esta actividad dos o tres veces durante el día, recuerde alabarlo y animarlo a que se mire en el espejo diciéndole: "Mírate, ahí estás tú."

4. Retire la ayuda conforme el niño se mire y se observe él solo frente al espejo, por lo menos durante un minuto, dos de tres veces seguidas.

Objetivo 66

El niño localizará un objeto fuera de su campo visual, a través de la imagen reflejada en el espejo, tres de cinco veces seguidas.

Material

Un espejo donde el niño se pueda observar de cuerpo entero y un objeto o juguete del niño.

Actividad y procedimiento

1. Cargue al niño en sus brazos y colóquelo frente al espejo. Enséñele la imagen de un juguete que se refleje en el espejo (el juguete debe estar atrás del niño), mueva continuamente el juguete, de modo que llame su atención. Enseguida pregunte al niño: "¿Dónde está (diga el nombre del juguete)?" Felicite al niño si trata de señalar o tomar el juguete tocando el espejo, diciéndole: "Muy bien, ahí está (diga el nombre del juguete)."

2. Si el niño no localiza el objeto

en la imagen reflejada en el espejo, ayúdelo. Pida a otra persona que mueva el juguete detrás del niño y usted guíe la mano del niño al lugar donde se refleja el juguete en el espejo alabando al niño cada vez que intenta tocarlo. Gradualmente suelte la mano del niño, hasta que él solo haga el intento de tocar el objeto reflejado en el espejo. Felicite al niño y anímelo diciéndole: "Eso es, toca el (diga el nombre del objeto), ahí está en el espejo, tócalo."

3. Muestre al niño distintos objetos o juguetes que sean muy atractivos para él. Realice esta actividad dos o tres veces al día, hasta que el niño localice la imagen del objeto o juguete reflejada en el espejo, por lo menos tres de cinco veces seguidas.

Subcategoría: Juego acompañado

Objetivo 67

El niño aplaudirá junto con otras personas, tres de cinco veces seguidas.

Material

Música del agrado del niño.

Actividad y procedimiento

1. Aproveche cuando asistan a una fiesta, al circo, o a algún lugar donde le tengan que aplaudir a alguien para observar si el niño aplaude junto con las demás personas. Si lo hace alábelo diciéndole: "Eso es, muy bien."

2. Si el niño no aplaude con otras personas, ayúdelo. Tome suavemente sus manos y haga el movimiento de aplaudir, diciéndole: "Vamos a aplaudir", paulatinamente suelte las manos del niño, hasta que él haga el intento de

aplaudir, anímelo a que continúe haciéndolo, diciéndole: "Eso es, así se aplaude."

3. Varíe la actividad, pida a varios niños (amigos o familiares) que jueguen con el niño, ponga música que sea del agrado del niño y al terminar la canción, aplauda y pida a los demás niños que lo hagan diciéndole: "Aplaudan, ya terminó la canción." Anime al niño a que lo haga con ellos diciéndole: "Tú también aplaude." Felicite al niño cada vez que lo haga.

4. Aproveche las ocasiones en que termine alguna canción o suceda algo que merezca aplausos para animar al niño a que lo haga con los demás, elogiándolo cada vez que lo haga.

5. Retire la ayuda que le da al niño hasta que por sí mismo mueva sus manos para aplaudir junto con otras personas, por lo menos tres de cinco veces seguidas.

Subcategoría: Juego acompañado

Objetivo 68

El niño mostrará a otra persona un juguete sin soltarlo, tres de cinco veces seguidas.

Material

Los juguetes del niño.

Actividad y procedimiento

1. Aproveche cualquier juego que realice con el niño para pedirle que le muestre el juguete con el que está jugando. Felicite al niño si le muestra el juguete (no importa que no lo suelte) diciéndole: "Qué bonito está el (diga el nombre del juguete)."

2. Si el niño no le muestra su juguete, siéntese junto a él y juegue con los juguetes que el niño tenga a su alrededor. Enseguida pídale que le enseñe el juguete con el que juega diciéndole: "A ver, enséñame el (diga el nombre del juguete)", si el niño no se lo

permite ver, tome suavemente la mano en la que tiene el juguete y mírelo, sin quitarle el juguete, alabe al niño diciéndole: "Eso es, no te lo voy a quitar, sólo quiero mirarlo." Continúen jugando con los demás juguetes y nuevamente pídale que le muestre el juguete con el que juega, felicite al niño si hace cualquier intento por mostrarle el juguete (acercándolo hacia usted), y anímelo a que continúe haciéndolo con otros juguetes diciéndole: "Ahora enséñame el (diga el nombre de otro juguete)."

3. Procure que el niño juegue con objetos llamativos. Realice esta actividad cada vez que juegue con el niño, hasta que él por sí mismo muestre a otra persona un juguete sin soltarlo, por lo menos tres de cinco veces seguidas.

89

Objetivo 69

El niño jugará a las *tortillitas*, junto con otra persona, por lo menos durante cinco minutos, tres de cinco veces seguidas.

Material

Cascabeles.

Actividad y procedimiento

1. Aproveche cualquier actividad que realice con el niño para pedirle que juegue con usted a las tortillitas, cántele la canción y alabe al niño si juega junto con usted diciéndole: "Eso es, lo haces muy bien."
2. Si el niño no juega con usted, ayúdelo. Siéntese frente a él, tome sus manos suavemente y haga el movimiento de aplaudir, al tiempo

que canta la canción. Amarre cascabeles en las manos del niño para que así, al moverle las manos, oiga cómo suenan éstos al ritmo de la canción que usted le canta. Suelte paulatinamente las manos del niño y anímelo a que él solo las mueva mientras usted le canta la canción. Felicite al niño cada vez que intente mover sus manos correctamente diciéndole: "Eso es, lo haces muy bien."

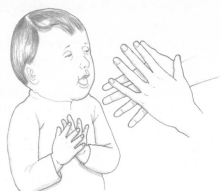

3. Cada vez que jueguen a las tortillitas, cante la canción:

Tortillitas de manteca p'a mamá que está contenta.
Tortillitas de pescado p'a papá que está enojado.

3. Pida a los demás miembros de la familia que jueguen con el niño a las tortillitas, felicitándolo cada vez que lo haga junto con otra persona.

4. Retire gradualmente los cascabeles, hasta que el niño juegue a las tortillitas, junto con otra persona, por lo menos durante cinco minutos, tres de cinco veces seguidas.

90

Objetivo 70

El niño jugará junto con otra persona a desaparecer y a aparecer repentinamente, dos de tres veces seguidas.

Material

Una almohada o mascada.

Actividad y procedimiento

1. Aproveche cualquier actividad que realice con el niño para jugar con él a desaparecer y a aparecer repentinamente. Festeje al niño

si coopera escondiéndose y apareciéndose diciéndole: "Eso es, escóndete y yo te encuentro."

2. Si el niño no coopera en el juego, ayúdelo. Colóquese frente al niño y juegue con él, ponga una almohada o pañuelo frente a usted y úsela para esconder su cara, aparezca de inmediato diciendo al niño: "Aquí estoy." Realice la actividad en forma de juego, tratando de hacer sonreír al niño, no de asustarlo. Anime al niño a que él también se esconda detrás de la almohada diciéndole: "Ahora escóndete tú", al tiempo que coloca la almohada frente a él, sosténgala un momento y quítesela de repente diciéndole: "Ya te encontré." Alabe al niño si hace cualquier intento por cooperar tratando de tomar la almohada, de esconderse detrás de ella, etcétera.

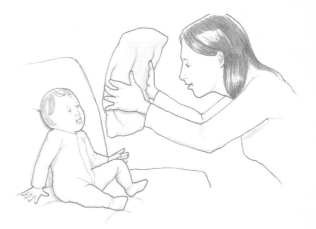

91

3. Pida ayuda a otra persona, para que tome al niño y juntos se escondan. Varíe continuamente los objetos que sirvan para ocultarse (utilice una mascada, un pañal, etc.).
4. Repita varias veces la actividad, hasta que el niño juegue junto con otra persona a aparecer y a desaparecer repentinamente, por lo menos en dos de tres veces seguidas.

Subcategoría: Juego independiente

Objetivo 71

El niño jugará solo con una pelota, por lo menos durante cinco minutos, cuatro de cinco veces seguidas.

Material

Dos o tres pelotas de diferentes tamaños.

Actividad y procedimiento

1. Proporcione al niño una pelota (la que más le guste) y déjelo jugar en un lugar seguro. Si el niño se entretiene jugando por lo menos durante cinco minutos, dígale: "Qué bien, estás jugando con tu pelota."

2. Si el niño llora y no quiere quedarse solo, permanezca un momento con él y muéstrele la pelota (que deberá ser muy llamativa), poco a poco aléjese de él, disminuya el tiempo que permanezca con él, hasta que logre permanecer solo cinco minutos. Después de que haya jugado solo con su pelota, durante cinco minutos, regrese con él y felicítelo por permanecer jugando solo, diciéndole: "Muy bien, estás jugando con tu pelota."

3. Ofrézcale pelotas llamativas, éstas no deben ser muy pequeñas, de lo contrario podría introducírselas en la boca.

4. Gradualmente retírese del niño, hasta que logre permanecer jugando solo con una pelota, por lo menos cinco minutos, cuatro de cinco veces seguidas.

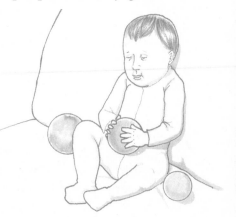

Subcategoría: Realiza acciones para llamar la atención

Objetivo 72

El niño vocalizará, para que las personas a su alrededor le hablen, lo carguen o lo miren, cuatro de cinco veces seguidas.

Material

No se requiere material.

Actividad y procedimiento

1. Aproveche la ocasión en que se encuentren varias personas en su casa platicando cerca del niño. Si el niño produce cualquier tipo de vocalización para llamar la atención de las personas que se encuentran a su alrededor, atienda a su llamado, cargándolo o mirándolo, diciéndole suavemente: "Qué quieres."

2. Si el niño no produce alguna vocalización para llamar la atención de las demás personas, y en lugar de esto llora, no lo cargue y consuélelo hasta que cese su llanto. Una vez que ha conseguido que el niño ya no llore, si él intenta producir alguna vocalización, atiéndalo y alábelo por no llorar diciéndole: "Eso es, si no lloras es mejor, así yo te atiendo."

3. Una vez que ha atendido el llamado del niño, coloque nuevamente al niño donde estaba y continúe haciendo sus actividades. Si el niño nuevamente desea llamar la atención y hace cualquier intento por vocalizar para llamar la atención de los demás, atiéndalo, y anímelo a que siga vocalizando, repitiendo usted las vocalizaciones que él hace y alábelo por no llorar, diciéndole: "Eso es, si no lloras mamá te atiende en lo que quieres."

4. Repita la actividad cada vez que tenga oportunidad de hacerlo, alabándolo y atendiendo a su llamado, cada vez que él vocalice para que las personas a su alrededor le hablen, lo carguen o lo miren, por lo menos cuatro de cinco veces seguidas.

93

Objetivo 73

El niño se encogerá, retirará o mostrará pena ante personas extrañas que se le acerquen, cuatro de cinco veces seguidas.

Material

No se requiere material.

Actividad y procedimiento

1. Aproveche cuando se encuentren varias personas reunidas platicando cerca del niño. Pídale a alguna persona que el niño no conozca que le hable o lo salude; si el niño muestra pena ante la persona, encogiéndose o retirándose de ella, tómelo en sus brazos y dígale: "Mira, no te va a hacer daño, es (diga el nombre de la persona), vino a saludarte."

2. Pida a otras personas desconocidas para el niño que saluden al niño. Si el niño se rehusa a saludarlas mostrando pena (encogiéndose o retirándose de ella),

no lo fuerce a que las salude. Su respuesta es natural en esta etapa del niño, poco a poco aprenderá a convivir con otras personas y será más sociable.

Subcategoría: Responde a la música

Objetivo 74

El niño se moverá espontáneamente con la música, cuando empiece a escucharla, cuatro de cinco veces seguidas.

Material

Radio o grabadora con la música que más le guste al niño.

Actividad y procedimiento

1. Ponga el radio o la grabadora con la música que más le guste escuchar al niño. Observe si el niño al escucharla comienza a moverse espontáneamente, alabe al niño y anímelo a que continúe haciéndolo diciéndole: "Eso es, baila."
2. Si el niño no se mueve y se queda quieto al escuchar la música, ayúdelo. Tómelo de las manos y muévaselas al ritmo de la música. Para hacer más atractiva la actividad cuélguele al niño cascabeles o listones de colores en sus manos, para que al moverlas oiga cómo suenan y vea cómo se mueven éstos. Gradualmente suelte de las manos al niño, alábelo si intenta realizar cualquier movimiento al ritmo de la música, animándolo a seguir diciéndole: "Eso es, baila con la música."
3. También puede cargar al niño y bailar con él en sus brazos, procurando darle movimiento al niño mientras bailan.
4. Aproveche la ocasión en que haya una fiesta o reunión para animar al niño a moverse al escuchar la música. Acostumbre al niño a escuchar música, póngale distintos ritmos y observe qué tipo de música le agrada más para que sea ésta la que le ponga con mayor frecuencia.

5. Poco a poco retire la ayuda (cascabeles y listones), hasta que él espontáneamente se mueva al escuchar la música, por lo menos en cuatro de cinco veces seguidas.

Nivel 3

De 12 a 24 meses

CATEGORÍA: LENGUAJE RECEPTIVO

Subcategoría: Copia acciones simples

Objetivo 75

El niño imitará correctamente movimientos de la lengua, como: meterla, sacarla y moverla hacia los lados, en tres de cinco veces seguidas.

Material

Un espejo grande, paletas de dulce, mermelada, miel o cajeta.

Actividad y procedimiento

1. Siente al niño frente a usted y anímelo a sacar la lengua, diciéndole: "A ver, enséñame tu lengua, así como yo", al tiempo que le muestra la suya. Ahora enséñele cómo puede moverla hacia los lados y por último meterla, anime al niño para que lo haga diciéndole: "Ahora hazlo tú." Felicítelo si lo hace bien.

2. Si el niño no saca la lengua o no la mueve hacia los lados, ayúdelo. Ofrézcale una paleta y pídale que saque la lengua para que pueda metérsela en la boca, anímelo a que meta y saque su lengua diciéndole: "A ver, enséñame tu lengua", alabe al niño cada vez que la meta y la saque.

3. Varíe la actividad, aproveche la ocasión en que le lava los dientes al niño para que frente al espejo lo anime a meter y sacar su lengua rápidamente. Felicite al niño cada vez que lo haga.

4. Ahora coloque nuevamente al niño frente a usted y póngale un poco de miel, cajeta o mermelada en las comisuras de los labios, invítelo a que se limpie sus labios con la lengua, muéstrele usted el movimiento sacando su lengua, moviéndola de un lado a otro y diciéndole: "Limpia con tu lengua el dulce", alabe al niño cada intento que haga diciéndole: "Sabe muy rico, ¿verdad?"

5. Repita las actividades dos o tres veces al día alabando al niño cada vez que lo haga correctamente. Retire la ayuda (los dulces), hasta que el niño logre hacerlo cuando usted se lo demuestre, por lo menos tres de cinco veces seguidas.

Objetivo 76

El niño sacará y fruncirá, por imitación, los labios en dos de tres veces seguidas.

Material

Un espejo grande.

Actividad y procedimiento

1. Siente al niño frente a usted y anímelo a que saque sus labios simulando que va a dar un beso, diciéndole: "Vamos a jugar con nuestros labios", al tiempo que le demuestra cómo debe sacarlos. Después pídale que frunza los labios (hacia adentro), anime al niño diciéndole: "Ahora hazlo tú", al momento que usted lo demuestra. Felicite al niño cada vez que lo haga diciéndole: "Eso es, lo haces muy bien."

2. Si el niño no realiza los movimientos que usted le muestra, ayúdelo. Colóquense frente a un espejo y enséñele nuevamente cómo debe hacerlo, come con su dedo índice y pulgar la comisura de los labios del niño, y júnteselos suavemente hacia fuera (como si fuera a dar un beso), anime al niño a que lo haga solo diciéndole: "Así debes hacerlo", y nuevamente muéstrele sin ayuda cómo debe hacerlo. Alabe al niño cada vez que intente imitar el movimiento.

99

3. Haga atractiva la actividad, permítale que haga caras y gestos chistosos frente al espejo, al tiempo que realiza el movimiento de los labios.

4. Ahora varíe el movimiento, frunza los labios hacia adentro, cerrando sus labios fuertemente, después saque el aire con fuerza (como si tratara de pronunciar el fonema p), anime al niño a que la imite diciéndole: "Ahora hazlo tú", felicite al niño cada vez que intente copiar el movimiento.

5. Repita las actividades dos o tres veces al día, alabando al niño cada vez que copie correctamente los movimientos de labios, hasta que logre hacerlo por lo menos tres de cinco veces seguidas.

Subcategoría: Realiza una orden simple

Objetivo 77

El niño traerá un objeto cuando una persona se lo pida, ocho de 10 veces seguidas.

Material

Juguetes y objetos conocidos por el niño.

Actividad y procedimiento

1. Aproveche cualquier actividad que realice con el niño para pedirle que le lleve un objeto a donde usted se encuentra, diciéndole: "Me traes (diga el nombre de un objeto), por favor." Alabe al niño si lleva el objeto que le pidió dándole las gracias: "Ese es, muchas gracias."

2. Si el niño no le lleva el objeto, ayúdelo. Pida ayuda a otra persona para que le pida algún objeto al niño, tómelo suavemente de sus manos y diríjaselas hacia el objeto para que lo tome, acompañe al niño cerca de la persona que le pidió el objeto para que se lo entregue, cuando lo haya entregado, felicítelo y anímelo a que siga haciéndolo con otras personas. Pida a la persona que agradezca al niño el haberle llevado el objeto. Practique con otras personas, pero disminuya poco a poco la ayuda hasta que logre realizar la actividad él solo.

3. No olvide darle las gracias al niño cuando le lleve un objeto que le haya pedido. Siempre pida al niño el objeto mencionando claramente el nombre de éste.

4. Pídale al niño objetos que no representen algún peligro, como objetos de vidrio o demasiado grandes o pesados, ya que podría tropezar o caer y lastimarse con ellos.

5. Retire la ayuda que le da al acompañarlo, hasta que el niño logre hacerlo solo, por lo menos ocho de 10 veces seguidas.

Objetivo 78

El niño llevará un objeto cuando una persona se lo indique, ocho de 10 veces seguidas.

Material

Juguetes u objetos conocidos por el niño.

Actividad y procedimiento

1. Aproveche cualquier actividad que realice con el niño para pedirle que le lleve un objeto a otra persona (papá, hermano, etc.), diciéndole: "Lleva el (diga el nombre de un objeto) a papá, por favor." Agradezca al niño si le lleva el objeto a la persona que le indicó, diciéndole: "Muchas gracias."

2. Si el niño no lleva el objeto a la persona que le indicó, ayúdelo. Acompañe al niño cerca de la persona a quien le deba entregar el objeto; cuando lo haya entregado, felicítelo y déle las gracias por el favor. Pida también a la persona a quien el niño le llevó el objeto que se lo agradezca. Practique con otras personas, pero disminuya paulatinamente la distancia que acompaña al niño, hasta que logre llevar él solo el objeto, al regresar festéjelo y déle las gracias.

3. Siempre observe, desde una distancia corta, que cumpla con la entrega; si observa que el niño se distrae o se detiene en el camino, anímelo desde donde está para que siga su camino.

4. No olvide alabarlo y darle las gracias por su ayuda. Recuerde no darle objetos que representen peligro para evitar que pueda lastimarse con ellos.

Objetivo 79

El niño escogerá correctamente el objeto que se le pida estando otros objetos presentes, ocho de 10 veces seguidas.

Material

Objetos llamativos para el niño.

Actividad y procedimiento

1. Aproveche cualquier oportunidad cuando el niño tenga frente a él varios juguetes para pedirle que escoja uno. Dígale: "Toma el (diga el nombre del juguete)", alabe al niño si escoge correctamente el objeto que se le indicó, diciéndole: "Muy bien."

2. Si el niño se confunde y toma otro juguete, ayúdelo. Muéstrele uno a uno cada juguete, diciéndole: "Mira, éste es un...", hasta que le muestre cada uno de los juguetes que tiene frente a él, permítale jugar con ellos unos minutos. Vuelva a pedirle que tome uno, si el niño intenta escogerlo entre los demás, alábelo y anímelo a que lo

tome diciéndole: "Muy bien, ese es, tómalo", permita que juegue con él y después continúe pidiéndole otros juguetes hasta que el niño los escoja correctamente al indi-cárselo.

3. Aproveche cualquier ocasión para pedirle al niño que escoja un jugue-te, objeto, fruta, etc., estando varios presentes. Anime al niño a buscarlo, felicitándolo cada vez que lo haga correctamente, por lo menos ocho de 10 veces seguidas.

 Objetivo 80

El niño soplará un cerillo o vela encendidos cuando se le pida, tres de cinco veces seguidas.

 Material

103

Una vela, cerillos, trozos de papel, plumas de pollo y un espejo grande.

 Actividad y procedimiento

1. Coloque frente al niño una vela encendida y pídale que sople hasta que logre apagarla, felicítelo.
2. Si el niño no logra apagar la vela, porque no sabe cómo hacerlo, ensé-ñele. Colóquese frente a un espejo y muéstrele la posición que deben tener sus labios y sus mejillas (ligeramente hacia adentro, e inflándose cuando se sopla). Presione las mejillas del niño y pídale que saque un poco de aire, coloque el dorso de la mano del niño cerca de su boca para que sienta cómo sale el aire.

3. Una vez que el niño ha logrado soplar, por suave y corto que sea el aire que salga de su boca, nuevamente coloque la vela frente al niño y anímelo a que apague la llama. Mueva la vela hasta que se encuentre con el soplo del niño, para que así le sea más fácil apagarla. Alabe al niño cada vez que intente apagarla.

4. Haga que el niño practique el soplo, animándolo a soplar trozos de papel delgado, algodón, o plumas de cualquier animal que sean muy ligeras, felicítelo cada vez que con su soplo los mueva, ayúdelo haciendo la actividad en forma de juego.

5. Los ejercicios sólo deben durar unos minutos, pues provocan cansancio. Procure que el niño descanse un poco antes de volver a practicar la actividad, hasta que logre hacerlo por lo menos en tres de cinco veces seguidas.

104

Objetivo 81

El niño guardará en el lugar correspondiente sus pertenencias, cuando se le pida, en tres de cinco veces seguidas.

Material

Objetos del niño.

Actividad y procedimiento

1. Aproveche cuando esté aseando la casa para pedirle al niño que le ayude a colocar sus pertenencias (juguetes, ropa, etc.) en su lugar. Alábelo si lo hace en el lugar que le corresponde a cada cosa, diciéndole: "Eso es, ahí es el lugar de (diga el nombre del objeto)."

2. Si el niño no sabe cuál es el lugar de sus cosas, enséñeselo, procure

destinar un lugar donde el niño pueda guardar sus juguetes, ropa, zapatos, etc. Indíquele cómo y dónde debe guardar sus cosas diciéndole: "Vamos a guardar tu (diga el nombre de lo que van a guardar)", metiéndolos en el cajón o lugar correspondiente. Cada vez que se presente la ocasión de alzar las cosas del niño invítelo a que él lo haga. Felicite al niño cada vez que intente hacerlo solo y anímelo a que continúe haciéndolo con cada una de sus cosas.

3. Si el niño no tiene un lugar específico donde guardar sus cosas, destínele uno; así evitará tener regadas sus cosas por toda la casa y fomentará el orden en el niño.

4. Poco a poco retire la ayuda que le da al niño, al enseñarle el lugar de cada una de sus cosas, hasta que por sí solo guarde en el lugar correspondiente sus pertenencias, cuando se le pida, por lo menos en tres de cinco veces seguidas.

105

Objetivo 82

El niño seguirá correctamente instrucciones que involucren dos acciones con objetos conocidos, en tres de cinco veces seguidas.

Material

Objetos diversos conocidos por el niño.

Actividad y procedimiento

1. Aproveche cualquier actividad que realice con el niño para pedirle que traiga o lleve algún objeto, la instrucción debe involucrar dos acciones, como: toma el libro y dáselo a papa, recoge la pelota y llévasela a tu hermano, toma la manzana y dásela a tu

mamá, quítate tu suéter y guárdalo en su lugar, etc. Alabe al niño si después de darle la instrucción la cumplió correctamente, diciéndole: "Eso es, lo hiciste muy bien."

2. Si el niño no realiza correctamente la instrucción porque se le dificulta, muéstrele cómo debe realizarla. Después de que el niño entienda cómo debe hacerlo, repítale la instrucción nuevamente. Si el niño hace cualquier intento por cumplirla, anímelo a que continúe haciéndolo.

3. Pida a la persona que le dio la instrucción que agradezca al niño por haber ejecutado una orden. Siempre pida al niño las cosas por su nombre, mencionándolo claramente.

4. Si al niño, al estar realizando la orden pedida, se le olvida lo que sigue, repítale la instrucción completa.

5. Retire la ayuda que le da al niño hasta que logre hacerlo sin ayuda, por lo menos en tres de cinco veces seguidas.

106

Subcategoría: Señala las partes del cuerpo

Objetivo 83

El niño señalará correctamente su cabeza, cuando se le pida, en cuatro de cinco ocasiones seguidas.

Material

Un espejo grande de mano, revistas y dibujos de niños, un sombrero (puede hacerlo de papel periódico).

Actividad y procedimiento

1. Colóquese frente al niño y pregúntele dónde está su cabeza, si la identifica correctamente, felicítelo.

2. Si el niño no la identifica, ayúdelo. Colóquese frente al niño y enséñele cuál es, diciéndole: "Mira, ésta es tu cabeza", al tiempo que toca la cabeza del niño. Enséñele también la de usted, al tiempo que se la toca.

3. Después coloque al niño frente al espejo y pregúntele dónde está su cabeza. Si acierta, festéjelo, si no, guíe su dedo índice hacia donde está, anímelo a que se la toque y alábelo diciéndole: "Muy bien, esa es tu cabeza."

4. Varíe la actividad, déle un sombrero y juegue con él diciéndole: "Ponte tu sombrero en la cabeza." Si lo hace bien alábelo, si no, muéstrele cómo hacerlo, guiándole el sombrero hacia su cabeza. Ahora dígale: "póntelo en la cabeza", felicítelo cada vez que lo intente o lo haga correctamente.

5. Varíe la actividad, cantándole alguna canción al tiempo que guía la mano del niño hacia su cabeza. Por ejemplo:

La mocita, la cabecita, dale que duela, dale que duela.

6. Otra actividad es enseñarle varias revistas o dibujos de niños y mostrarle cuál es la cabeza de los niños y después preguntarle cuál es la de él. Recuerde alabarlo cada vez que señale correctamente.

7. Repita varias veces las actividades y retire gradualmente la ayuda y las alabanzas, hasta que por sí mismo identifique y señale cuál es su cabeza, por lo menos cuatro de cinco veces seguidas.

Objetivo 84

El niño señalará correctamente sus manos, cuando se le pida, en cuatro de cinco ocasiones seguidas.

Material

Un espejo grande de mano, revistas y dibujos de niños, unos guantes o unos calcetines.

Actividad y procedimiento

108

1. Colóquese frente al niño y pregúntele dónde están sus manos. Si las identifica correctamente, alábelo diciéndole: "Muy bien, esas son tus manos."
2. Si el niño no las identifica, ayúdelo. Colóquese frente al niño y enséñele cuáles son, diciéndole: "Mira, esas son tus manos", al tiempo que se las toca. Enséñele también las de usted, diciéndole: "Mira, éstas son las mías."

3. Después coloque al niño frente al espejo y pregúntele: "¿Dónde están tus manos?" Si acierta alábelo, si no, colóquele una mano sobre la otra, para que se las toque. Alábelo diciéndole: "Muy bien, esas son tus manos."

4. Varíe la actividad, préstele unos guantes (puede improvisarlos con unos calcetines) y juegue con él, diciéndole: "Ponte tus guantes." Si acierta alábelo, si no, dirija los guantes hacia sus manos diciéndole: "Póntelos en tus manos." Alábelo cada vez que lo intente o lo haga correctamente.

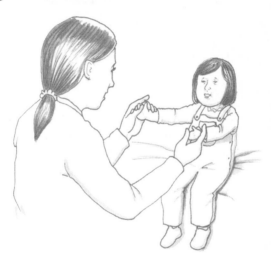

109

5. Varíe la actividad cantándole canciones que hagan referencia a las manos, tome las manos del niño por sus muñecas y muévaselas al ritmo de la canción. Por ejemplo:

Tengo manita, no tengo manita, porque la tengo desconchabadita.

O bien:

Abrir, cerrar, abrir, cerrar las manos al compás.
Cerrar, abrir, cerrar, abrir, las manos hacia atrás.

6. Puede también mostrarle varias revistas o dibujos de niños y enseñarle cuáles son sus manos. Recuerde alabarlo cada vez que señale correctamente.

7. Repita varias veces las actividades y retire paulatinamente la ayuda y las alabanzas, hasta que por sí mismo identifique y señale cuáles son sus manos, por lo menos cuatro de cinco veces seguidas.

Objetivo 85

El niño señalará correctamente sus ojos, cuando se le pida, cuatro de cinco veces seguidas.

Material

Un espejo grande de mano, revistas y dibujos de niños, unos anteojos (puede hacerlos con cartoncillo).

Actividad y procedimiento

1. Colóquese frente al niño y pregúntele dónde están sus ojos. Si los identifica correctamente, alábelo diciéndole "Muy bien, esos son tus ojos."

2. Si el niño no los identifica, ayúdelo. Colóquese frente al niño y enséñele cuáles son, diciéndole: "Mira, estos son tus ojos", al tiempo que toca los ojos del niño. Enséñele también los de usted, diciéndole: "Mira, estos son los míos", al tiempo que se los toca.

3. Después coloque al niño frente al espejo y pregúntele: "¿Dónde están tus ojos?" Si acierta alábelo, si no, guíe su dedo índice hacia donde están, anímelo a que se los toque diciéndole: "Muy bien, esos son tus ojos."

4. Varíe la actividad, préstele unos anteojos para el sol (puede hacerlos con cartoncillo) y juegue con él diciéndole: "Ponte los len-

tes en tus ojos." Si acierta alábelo, si no, muéstrele cómo, guíe los lentes hacia sus ojos diciéndole: "Póntelos en los ojos." Alábelo cada vez que lo intente o lo haga correctamente.

5. Varíe la actividad, cantándole canciones que hagan referencia a los ojos, mientras abren y cierran los ojos. Por ejemplo:

Tenemos una tía, la tía Mónica, que cuando va al mercado le dicen hola, la.
Así mueve los ojos, así, así, así.
Así, mueve los ojos, así, así, así.

6. También puede mostrarle varias revistas o dibujos de niños y enseñarle cuáles son los ojos de los niños, y después pregúntele cuáles son los de él, recuerde alabarlo cada vez que señala correctamente.

7. Repita varias veces las actividades y retire paulatinamente la ayuda y las alabanzas, hasta que por sí mismo identifique y señale cuáles son sus ojos, por lo menos cuatro de cinco veces seguidas.

111

Objetivo 86

El niño señalará correctamente sus pies, cuando se le pida, en cuatro de cinco veces seguidas.

Material

Un espejo grande, revistas y dibujos de niños.

Actividad y procedimiento

1. Colóquese frente al niño y pregúntele dónde están sus pies. Si los identifica correctamente, alábelo diciéndole: "Muy bien, esos son tus pies."

2. Si el niño no los identifica, ayúdelo. Colóquese frente al niño y enséñele cuáles son, diciéndole: "Mira, éstos son tus pies", al

tiempo que le toca sus pies. Enséñele también los de usted, diciéndole: "Mira, estos son los míos", al tiempo que se los toca.

3. Después coloque al niño frente al espejo y pregúntele: "¿Dónde están tus pies?" Si acierta alábelo, si no, guíe su dedo índice hacia donde están, anímelo a que se los toque diciéndole: "Muy bien, esos son tus pies."

4. Varíe la actividad, quítele los zapatos y los calcetines al niño y anímelo a que se los vuelva a poner diciéndole: "Ponte los calcetines en tus pies." Si acierta alábelo, si no, dirija sus calcetines hacia sus pies y dígale: "Póntelos en tus pies." Alábelo cada vez que intente hacerlo o lo haga correctamente.

5. Explique al niño cuál es la función de sus pies, dígale que los usamos para caminar y correr, anímelo a que los mueva hacia un lado y hacia otro. Puede golpearlos ligeramente uno contra otro o dar golpes suaves en el piso. Felicítelo cada vez que lo haga.

6. Otra actividad que puede hacer es mostrarle varias revistas o dibujos de niños y enseñarle cuáles son los pies de los niños. Enseguida pregúntele cuáles son los de él, recuerde alabarlo cada vez que los señale correctamente.

7. Repita varias veces las actividades y retire paulatinamente la ayuda y las alabanzas, hasta que por sí mismo identifique y señale cuáles son sus pies, por lo menos en cuatro de cinco veces seguidas.

Objetivo 87

El niño señalará correctamente sus orejas, cuando se le pida, cuatro de cinco veces seguidas.

Material

Un espejo grande, revistas y dibujos de niños.

 Actividad y procedimiento

1. Colóquese frente al niño y pregúntele: "¿Dónde están tus orejas?", si las identifica correctamente, alábelo diciéndole: "Muy bien, esas son tus orejas."

2. Si el niño no las identifica, ayúdelo. Colóquese frente al niño y enséñele cuáles son, diciéndole: "Mira, éstas son tus orejas", al tiempo que toca las orejas del niño. Enséñele también las de usted, diciéndole: "Mira, éstas son las mías", al tiempo que se las toca.

3. Después coloque al niño frente al espejo y pregúntele: "¿Dónde están tus orejas?" Si acierta felicítelo, si no, guíe su dedo índice hacia donde están, anímelo a que se las toque diciéndole: "Muy bien, esas son tus orejas."

4. Varíe la actividad, anime al niño a que se tape las orejas para que deje de escuchar los ruidos, enseguida pídale que se las destape y que escuche nuevamente el ruido. Anímelo a hacerlo diciéndole: "Tápate tus orejas y verás cómo no escuchas nada, ahora si las destapas, escucharás nuevamente todos los ruidos."

5. Otra actividad que puede hacer es mostrarle varias revistas o dibujos de niños y enseñarle cuáles son las orejas de los niños. Enseguida pregúntele cuáles son las de él, recuerde alabarlo cada vez que señale correctamente.

6. Repita varias veces las actividades y retire gradualmente la ayuda y las alabanzas, hasta que por sí mismo identifique y señale cuáles son sus orejas, por lo menos en cuatro de cinco veces seguidas.

Objetivo 88

El niño señalará correctamente su nariz, cuando se le pida, en cuatro de cinco veces seguidas.

Material

Un espejo grande, revistas y dibujos de niños, crema para el cuerpo.

Actividad y procedimiento

1. Colóquese frente al niño y pregúntele dónde está su nariz. Si la identifica correctamente, alábelo diciéndole: "Muy bien, esa es tu nariz."

2. Si el niño no la identifica, ayúdelo. Colóquese frente al niño y enséñele cuál es, diciéndole: "Mira, ésta es tu nariz", al tiempo que toca la nariz del niño. Enséñele también la de usted, diciéndole: "Mira, ésta es la mía", al tiempo que se la toca.

3. Después coloque al niño frente al espejo y pregúntele: "¿Dónde está tu nariz?" Si acierta felicítelo, si no, guíe su dedo índice hacia donde está, anímelo a que se la toque diciéndole: "Muy bien, esa es tu nariz."

4. Varíe la actividad, juegue con el niño a los payasos, pídale que se unte un poco de crema en la nariz para simular la nariz del

payaso diciéndole: "Píntate tu nariz, para que parezcas un payaso." Si lo hace alábelo, si no,
guíe su dedo untado con crema
hacia su nariz, ahora dígale:
"Píntate tu nariz", alábelo cada
vez que intente hacerlo o lo haga
correctamente.

5. Cántele al niño canciones para
animarlo a tocarse la nariz. Por
ejemplo:

Pedro conejito tenía una mosca en la
nariz.
Pedro conejito tenía una mosca en la
nariz (tóquese la nariz).
Pedro la espantó y la mosca voló.
Pedro la espantó y la mosca voló
(realice el movimiento de espan-
tarla).

6. Otra actividad que puede hacer es mostrarle varias revistas y dibujos de niños enseñándole cuál es la función de la nariz diciéndole: "Con la nariz podemos oler los aromas de la comida, de las
flores, etc." Pregúntele enseguida cuál es su nariz, recuerde
felicitarlo cada vez que la señale correctamente.

7. Repita varias veces las actividades y retire paulatinamente la
ayuda y las alabanzas, hasta que por sí mismo identifique y
señale cuál es su nariz, por lo menos cuatro de cinco veces
seguidas.

 Objetivo 89

El niño señalará correctamente su abdomen, cuando se
le pida, en cuatro de cinco veces seguidas.

 Material

Un espejo grande, revistas y dibujos de niños.

Actividad y procedimiento

1. Colóquese frente al niño y pregúntele dónde está su abdomen. Si lo identifica correctamente, felicítelo diciéndole: "Muy bien, ese es tu abdomen."

2. Si el niño no lo identifica, ayúdelo. Colóquese frente al niño y enséñele cuál es diciéndole: "Mira, este es tu abdomen", al tiempo que toca el abdomen del niño. Enséñele también el de usted diciéndole: "Mira, este es el mío", al tiempo que se lo toca.

3. Después coloque al niño frente al espejo y pregúntele: "¿Dónde está tu abdomen?" Si acierta alábelo, si no, guíe su dedo índice hacia el abdomen. Anímelo a que se lo toque diciéndole: "Muy bien, ese es tu abdomen."

4. Aproveche las ocasiones en que bañe al niño para pedirle que se lave el abdomen diciéndole: "Enjabónate tu abdomen." Si lo hace felicítelo, si no, muéstrele cómo guiando su mano (con el jabón) hacia su abdomen. Ahora dígale: "Lávate tu abdomen", alábelo cada vez que lo intente o lo haga correctamente.

5. Varíe la actividad, muéstrele varias revistas o dibujos de niños y enséñele cuál es el abdomen de los niños. Enseguida pregúntele cuál es el de él, recuerde alabarlo cada vez que señale correctamente.

6. Repita varias veces las actividades y retire paulatinamente la ayuda y las alabanzas, hasta que por sí mismo identifique y señale cuál es su abdomen, por lo menos cuatro de cinco veces seguidas.

Objetivo 90

El niño señalará correctamente sus rodillas, cuando se le pida, en cuatro de cinco veces seguidas.

Material

Un espejo grande, revistas y dibujos de niños, unas rodilleras (puede hacerlas con cartoncillo y estambre).

Actividad y procedimiento

1. Colóquese frente al niño y pregúntele dónde están sus rodillas. Si las identifica correctamente, alábelo diciéndole: "Muy bien, esas son tus rodillas."

2. Si el niño no las identifica, ayúdelo. Colóquese frente al niño y enséñele cuáles son diciéndole: "Mira, estas son tus rodillas", al tiempo que toca las rodillas del niño. Enséñele también las de usted, diciéndole: "Mira, estas son las mías", al tiempo que se las toca.

3. Después coloque al niño frente al espejo y pregúntele: "¿Dónde están tus rodillas?" Si acierta alábelo, si no, guíe su dedo hacia donde están sus rodillas. Anímelo a que se las toque, diciéndole: "Muy bien, esas son tus rodillas."

4. Invite al niño a jugar a la pelota, coloque en las rodillas del niño las rodilleras y explíquele que son para que no se lastime cuando se caiga, al terminar anime al niño a que se las quite diciéndole: "Quítate las rodilleras." Si lo hace alábelo, si no, guíele sus manos hacia ellas y dígale: "Quítatelas de tus rodillas", felicítelo si intenta hacerlo o lo hace correctamente.

5. Varíe la actividad, muéstrele varias revistas o dibujos de niños y enséñele cuáles son las rodillas de los niños. Enseguida pregúntele cuáles son las de él, recuerde alabarlo cada vez que señale correctamente.

117

6. Repita varias veces las actividades y retire paulatinamente la ayuda y las alabanzas, hasta que por sí mismo identifique y señale cuáles son sus rodillas, por lo menos en cuatro de cinco veces seguidas.

Subcategoría: Sigue instrucciones con una muñeca

Objetivo 91

El niño pondrá de pie a una muñeca correctamente, cuando se le pida, en tres de cinco veces seguidas.

Material

Dos muñecas o muñecos que sean fáciles de manejar por el niño.

Actividad y procedimiento

1. Aproveche cualquier juego que realice con el niño para pedirle que ponga de pie a su muñeca (o muñeco) con el que está jugando, alabe al niño si lo hace, diciéndole: "Eso es, tu muñeca ya está de pie."
2. Si el niño no realiza la acción de parar a su muñeca, ayúdelo. Siéntese frente a él y jueguen con otros muñecos, animando al niño para que juegue con usted diciéndole: "Vamos a jugar con los muñecos, hay que pararlos como soldaditos" (continúe el juego, permitiendo que el niño también participe). Si el niño para a su muñeco cuando usted lo hace, alábelo; si no, muéstrele cómo puede parar a su muñeco (puede recargarlo en la pared), tomándolo suavemente y colocándolo junto al otro muñeco. Continúe el juego con el niño, ahora animando a que él sea quien pare a su muñeco durante todo el juego. Felicite al niño cada vez que intente parar o que ponga de pie correctamente a su muñeco.
3. Aproveche el momento en que el niño se vaya a levantar (cuando tenga su muñeco junto), para pedirle al niño que también pare a su muñeco y lo lleve con él.

4. Repita la actividad varias veces, hasta que el niño realice correctamente la acción de parar a su muñeco, cuando se lo pidan, por lo menos tres de cinco veces seguidas.

119

Objetivo 92

El niño sentará a una muñeca correctamente, cuando se le pida, tres de cinco veces seguidas.

Material

Dos muñecas o muñecos que el niño pueda manejar con facilidad.

Actividad y procedimiento

1. Aproveche cualquier juego que realice con el niño para pedirle que siente a su muñeca (o muñeco) con el que está jugando. Felicítelo si lo hace diciéndole: "Eso es, ahora tu muñeca ya está sentada."

2. Si el niño no realiza la acción de sentarla, ayúdelo. Siéntese frente a él y comience a jugar con otros muñecos y anímelo para que juegue con usted diciéndole: "Vamos a jugar a que los muñecos ven la televisión, vamos a sentarlos aquí" (continúe el juego, dejando que el niño también participe), si el niño sienta su muñeco cuando usted lo hace, alábelo, si no, muéstrele cómo puede ayudar a sentar a su muñeco. Deje sentado el de usted y tome suavemente el del niño y siéntelo junto al otro. Continúe el juego con el niño animando a que sea él quien pare y siente a su muñeco durante todo el juego. Alabe al niño cada vez que intente hacerlo o lo haga correctamente.

3. Aproveche los momentos en que el niño se vaya a sentar (a ver la televisión, a comer, a descansar, etc.), para que le diga al niño que invite a sentar a su muñeco con él. Felicítelo cada vez que lo haga.

4. Procure que el niño, durante las actividades, siempre juegue con su muñeco o muñeca preferido, de esta forma lo motivará más a trabajar con él.

5. Repita las actividades varias veces, hasta que el niño realice la acción de sentar a una muñeca, cuando se le pida, por lo menos en tres de cinco veces seguidas.

Objetivo 93

El niño arrullará a una muñeca correctamente, cuando se le pida, tres de cinco veces seguidas.

Material

Dos o tres muñecas (o muñecos) que sean fáciles de manejar por el niño.

Actividad y procedimiento

1. Aproveche cualquier juego que realice con el niño para pedirle que arrulle a su muñeca (o muñeco) con el que está jugando. Felicite al niño si lo hace diciéndole: "Eso es, tu muñeca ya se va a dormir."

2. Si el niño no realiza la acción de arrullar a su muñeca, ayúdelo. Siéntese frente a él y tome otro muñeco con los que el niño está jugando y comience a jugar con él, animando a que arrulle a su muñeco, diciéndole: "Vamos a arrullar a los muñecos porque ya tienen sueño", muéstrele cómo puede hacerlo, cargue entre sus brazos al muñeco y empiece a mecerlo, cante una canción de cuna y anime al niño para que tome el muñeco entre sus brazos y también él lo arrulle. Festeje cada intento que haga el niño por arrullarlo, hasta que logre hacerlo correctamente.

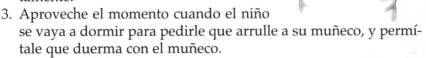

3. Aproveche el momento cuando el niño se vaya a dormir para pedirle que arrulle a su muñeco, y permítale que duerma con el muñeco.

4. Repita la actividad varias veces, hasta que el niño arrulle correctamente a una muñeca, cuando se lo pidan, por lo menos en tres de cinco veces seguidas.

 Objetivo 94

El niño le dará de comer a una muñeca correctamente, cuando se le pida, en tres de cinco veces seguidas.

 Material

Dos muñecas o muñecos que el niño pueda manejar con facilidad, y algunos trastos de juguete.

Actividad y procedimiento

1. Aproveche cualquier juego que realice con el niño para pedirle que le dé de comer a su muñeca (o muñeco) con el que está jugando. Alábelo si lo hace diciéndole: "Eso es, ahora tu muñeca está comiendo."

2. Si el niño no realiza la acción de darle de comer a su muñeco, ayúdelo. Siéntese frente a él y tome uno de los muñecos con los que juega el niño y comience a jugar con él, anímelo a que simule darle de comer al muñeco, diciéndole: "Vamos a darles de comer a los muñecos, porque ya tienen hambre." Muéstrele cómo puede hacerlo, tome una cuchara pequeña y simule que toma un poco de comida de los trastos y déle la comida en la boca al muñeco; anime al niño para que él también le dé de comer al otro muñeco. Alabe cada intento que haga el niño por darle de comer a su muñeco, hasta que logre hacerlo correctamente.

3. Aproveche la ocasión en que el niño ha terminado de comer para pedirle que ahora le dé de comer a sus muñecos. Anímelo a jugar a la comidita, proporciónele unos trozos de galleta o dulce para que simule que se los da al muñeco.

4. Repita la actividad varias veces, hasta que el niño realice la acción de darle de comer a su muñeca cuando se le pida, por lo menos en tres de cinco veces seguidas.

Objetivo 95

El niño peinará a una muñeca correctamente, cuando se le pida, en tres de cinco veces seguidas.

Material

Dos muñecas o muñecos que el niño pueda manejar con facilidad, un peine o cepillo.

Actividad y procedimiento

1. Aproveche cualquier juego que realice junto con el niño para pedirle que peine a su muñeca (o muñeco) con el que está jugando, alábelo si lo hace diciéndole: "Eso es, ya está peinado tu muñeco."

2. Si el niño no realiza la acción de peinar a su muñeco, ayúdelo. Siéntese frente a él y tome uno de los muñecos con los que juega y comience a jugar con él, anímelo a que peine al muñeco, diciéndole: "Vamos a peinar a los muñecos porque están muy despeinados." Muéstrele cómo puede hacerlo, tome un peine o cepillo y comience a peinar al muñeco; anime al niño para que él también peine a su muñeco. Alabe cada intento que haga el niño por peinar a su muñeco, hasta que logre hacerlo correctamente.

3. Aproveche el momento en el que termine de peinar al niño para pedirle que peine a sus muñecos, anímelo diciéndole: "Peina a tus muñecos para que se vean bonitos."

4. Repita varias veces la actividad, hasta que el niño realice correctamente la acción de peinar a su muñeca cuando se lo pidan, por lo menos en tres de cinco ocasiones seguidas.

123

CATEGORÍA: LENGUAJE EXPRESIVO

Subcategoría: Pronuncia palabras

Objetivo 96

El niño pronunciará correctamente la palabra *mamá* para llamarla, cuatro de cinco veces seguidas.

Material

Un espejo grande.

Actividad y procedimiento

1. Aproveche cualquier actividad que realice con el niño para observar si el niño le dice *mamá* correctamente, si es así atiéndalo: "Muy bien, soy tu mamá."

2. Si el niño no pronuncia correctamente *mamá*, ya sea porque la diga incompleta o porque cambie alguna de sus letras, ayúdelo. Siéntese frente a él y dígale: "Di *mmaa-mmá*", hágalo despacio y claramente para que el niño pueda observar cómo lo hace y pueda repetirlo. Anímelo a que él lo haga y alabe al niño si lo dice correctamente. Continúe con sus actividades, si durante éstas el niño intenta decirle *mamá*, alábelo y anímelo para que lo siga diciendo en forma correcta.

3. Corrija al niño cada vez que pronuncie *mamá* en forma incompleta como *ma*, dígale: "Soy mamá", puede colocarse frente al espejo y repetir varias veces la palabra *mamá* dando una palmada por cada sílaba, para que el niño observe que tiene que repetir dos veces la sílaba *ma*. Ahora pida al niño que repita la palabra, al tiempo que usted palmea cuando diga la palabra. Alabe al niño cada vez que lo haga correctamente.
4. Pida ayuda a otra persona para que anime al niño a que llame a su mamá, alabe al niño cada vez que pronuncie correctamente *mamá*.
5. Gradualmente retire la ayuda que le da al niño, hasta que logre pronunciar correctamente *mamá* para llamarla, por lo menos en cuatro de cinco veces seguidas.

Objetivo 97

El niño pronunciará correctamente la palabra *papá* para llamarlo, en cuatro de cinco veces seguidas.

Material

Un espejo grande.

125

Actividad y procedimiento

1. Aproveche cualquier actividad que realice el papá con el niño para observar si lo llama *papá* correctamente. Si es así, atiéndalo inmediatamente y alábelo diciéndole: "Muy bien, soy tu papá."
2. Si el niño no pronuncia correctamente la palabra *papá*, ya sea porque la dice incompleta o porque cambia alguna de sus letras, ayúdelo. Siéntese frente a él y anímelo a que lo llame papá correctamente. Diga *papá* despacio y claramente, para que el niño observe cómo lo dice y pueda repetirlo. Anímelo a que lo haga diciéndole: "Ahora dilo tú", alábelo si lo dice correctamente. Continúe con sus actividades, y si durante éstas el

niño intenta llamarlo *papá*, alábelo y anímelo para que lo siga haciendo en forma correcta.

3. Corrija al niño cada vez que pronuncie la palabra papá en forma incompleta cuando lo llame, diciéndole: "Soy papá." Puede colocarse frente al espejo y repetir varias veces la palabra *papá*, dando una palmada por cada sílaba, para que el niño observe que tiene que repetir dos veces la sílaba *pa*. Ahora pida al niño que repita la palabra, al tiempo que usted palmea cuando diga la palabra *papá*.

4. Pida ayuda a otra persona para que anime al niño a que llame a su papá. Alabe al niño cada vez que pronuncie correctamente *papá*.

5. Poco a poco retire la ayuda que le da al niño, hasta que logre pronunciar correctamente la palabra *papá* para llamarlo por lo menos en cuatro de cinco veces seguidas.

Objetivo 98

El niño imitará correctamente las consonantes *m*, *b* y *p* cuando otra persona lo hace frente a él, en tres de cinco veces seguidas.

126

Material

Un espejo grande y un abatelenguas.

Actividad y procedimiento

1. Colóquese frente al niño y pídale que diga *mmmm*, después *bbbb* y por último *pppp*, si el niño produce correctamente el sonido de cada una de ellas, alábelo diciéndole: "Muy bien, ese es el sonido."

2. Si el niño no pronuncia bien el sonido de la *m*, ayúdelo. Colóquense ambos frente a un espejo y muéstrele cómo debe colocar sus labios (muy juntos), ahora pídale que acomode sus labios

como los de usted y empiece a producir el sonido de la *m* y pídale que él también lo haga, diciéndole: "Vamos a hacer *mmm*."

3. Si el niño no pronuncia bien el sonido de la *b*, ayúdelo. Colóquense ambos frente a un espejo y muéstrele cómo debe colocar los labios, (juntos y ligeramente separados en la parte del centro para que salga suavemente el aire), ahora pídale que acomode sus labios como los de usted. Empiece a producir el sonido *bbb* y pídale que él también lo haga diciéndole: "Vamos a hacer *bbb*."

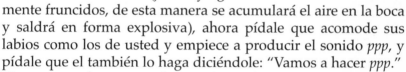

4. Si el niño no pronuncia bien el sonido de la *p*, ayúdelo. Colóquense ambos frente a un espejo y muéstrele cómo debe colocar sus labios (juntos y ligeramente fruncidos, de esta manera se acumulará el aire en la boca y saldrá en forma explosiva), ahora pídale que acomode sus labios como los de usted y empiece a producir el sonido *ppp*, y pídale que el también lo haga diciéndole: "Vamos a hacer *ppp*."

5. Una vez que ha practicado con el niño la posición de cada una de las consonantes, anímelo a que continúe haciendo el sonido de éstas, realice juegos mientras las repite (por ejemplo, puede cantar con el sonido de cada letra). Felicite al niño cada vez que produzca el sonido correctamente, cuando usted lo hace frente a él.

6. Retire la ayuda que le da al niño conforme éste reproduzca el sonido de las consonantes *m*, *b* y *p* cuando se le demuestra, por lo menos en tres de cinco veces seguidas.

Objetivo 99

El niño pronunciará aproximadamente 20 palabras sencillas durante su plática, cinco veces en una semana.

Material

Objetos y juguetes del niño, revistas diversas.

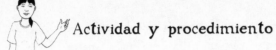

Actividad y procedimiento

1. Aproveche cualquier actividad con el niño para animarlo a platicar. Observe si el niño utiliza aproximadamente 20 palabras durante la plática, si es así, felicítelo y continúe animándolo para que las siga utilizando diciéndole: "Muy bien, eso es un (repita la palabra que ha utilizado el niño)."

2. Si el niño utiliza menos de 20 palabras durante su pláticas, ayúdelo. Siéntese junto a él, muéstrele alguna revista o cuento y comiéncelo a hojear, platíquele acerca de las figuras que están en ella animándolo a repetir algunas de las palabras más simples, como: pan, agua, casa, dame, leche, sal, tío, oso, etc. Deje que el niño diga el nombre de la figura que ve, dígale: "Mira, ¿qué es eso?", al tiempo que le muestra un objeto. Si el niño intenta decir la palabra, alábelo y anímelo a que siga diciéndola cada vez que  haya la oportunidad de hacerlo. Haga esto con cada una de las cosas que el niño esté en contacto más tiempo como su leche, su tina, el agua. Felicítelo cada vez que pronuncie palabras nuevas.

3. Pida a los demás miembros de su familia que platiquen con el niño, al tiempo que le muestran algún objeto o juguete y animan al niño a pronunciar palabras nuevas, alabándolo cada vez que lo haga.

4. Es importante que repitan constantemente las palabras que el niño ya usa durante su plática, pues así las recordará y las continuará practicando.

128

Objetivo 100

El niño pronunciará aproximadamente los nombres de las personas que conoce cuando se dirija a ellas, en tres de cinco veces seguidas.

Material

No se requiere material.

Actividad y procedimiento

1. Aproveche cualquier actividad que el niño realice en compañía de personas conocidas, como: mamá, papá, hermanos, tíos, primos, etc., para decirle que llame a alguna de ellas por su nombre. Si el niño dice el nombre en forma aproximada, alábelo y dígale: "Muchas gracias por llamar a…"
2. Si el niño no pronuncia el nombre de la persona, ayúdelo. Si el nombre de la persona que le pidió que llamara es muy largo puede acortarlo como Ale o Alex por Alejandro, Lupe por Guadalupe, etc., o bien, puede utilizar la forma en que acostumbre llamar a la persona como Pepe a José, Toño a Antonio, etc. Ahora repita junto con el niño (frente a un espejo), corríjalo si hay alguna letra o sílaba en las que aún se equivoca y enséñele cómo decirlas. Cuando haya logrado pronunciar el nombre de la persona a quien deberá llamar, pídale que lo haga.
3. Enséñele al niño el nombre de las personas más conocidas para él y luego pida que las llame. Felicite al niño si pronuncia sus nombres, aunque sea en forma aproximada.
4. Observe si en su plática o juego con personas conocidas se dirige a ellas por su nombre, alabándolo por hacerlo por lo menos tres de cinco veces seguidas.

 ## Objetivo 101

El niño nombrará tres objetos conocidos cuando se le pida, en tres de cinco veces seguidas.

 ## Material

Objetos o juguetes conocidos por el niño.

Actividad y procedimiento

1. Aproveche cualquier actividad que realice con el niño para preguntarle: "¿Cómo se llama esto?", al tiempo que le señala un objeto conocido por el niño, como la mesa, la tina, el televisor, etc. Si el niño dice el nombre del objeto que se le pidió, alábelo diciéndole: "Muy bien, es una (diga el nombre del objeto)."

2. Si el niño no pronuncia el nombre del objeto, ayúdelo. Colóquese frente al niño y muéstrele varios objetos (cuyo nombre sea, de preferencia, de dos sílabas) que el niño pueda tocar, como una mesa, una hoja, etc., y dígale: "Es un (diga el nombre del objeto)", pronuncie el nombre despacio y claramente, de forma que el niño pueda verlo y escucharlo. Enseguida pregúntele: "¿Cómo se llama esto?", alabe al niño si intenta decir el nombre y anímelo a que continúe diciéndolo.

130

3. Repita la actividad con otro objeto diferente, puede trabajar frente a un espejo, así el niño podrá observar su boca cuando pronuncie el nombre del objeto.
4. Es importante que repita constantemente el nombre del objeto que le muestra al niño, para animarlo a que repita su nombre cada vez que lo use.

Objetivo 102

El niño utilizará frases de dos palabras, cinco veces durante una semana.

Material

Objetos o juguetes del niño.

Actividad y procedimiento

1. Aproveche cualquier actividad que realice con el niño para observar si utiliza frases de dos palabras, como: dame leche, quiero pan, mi pelota, dame más, etc. Alábelo si las utiliza.

2. Si el niño no utiliza frases de dos palabras y sólo dice palabras sueltas, anímelo a que las una y gradualmente vaya formándolas. Aproveche cualquier situación para repetir lo que el niño desea; es decir, si el niño, para pedir pan, sólo dice *pan*, dígale: "quiero pan", anímelo a que repita junto con usted *quiero* (espere a que el niño repita) *pan* (espere a que el niño repita).

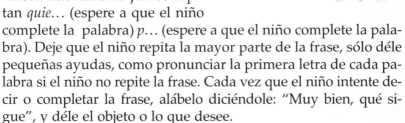

Ahora nuevamente juntos repitan *quie...* (espere a que el niño complete la palabra) *p...* (espere a que el niño complete la palabra). Deje que el niño repita la mayor parte de la frase, sólo déle pequeñas ayudas, como pronunciar la primera letra de cada palabra si el niño no repite la frase. Cada vez que el niño intente decir o completar la frase, alábelo diciéndole: "Muy bien, qué sigue", y déle el objeto o lo que desee.

3. De esta forma puede continuar trabajando con el niño en todas sus frases y expresiones. Anímelo a que una de sus palabras sueltas en frases cortas. Repítalas constantemente, para que él las recuerde y continúe practicándolas.

4. Pida ayuda a los demás miembros de su familia, para que realicen el mismo procedimiento con las palabras sueltas que utiliza el niño cuando se dirige a ellos.

5. Paulatinamente retire la ayuda que le dan al niño, hasta que logre utilizar por sí mismo frases de dos palabras, por lo menos cinco veces durante una semana.

Objetivo 103

El niño nombrará a su mamá cuando la ve en una fotografía, en tres de cinco presentaciones seguidas.

Material

Una o dos fotografías recientes y no muy pequeñas de la mamá del niño y un espejo grande.

 Actividad y procedimiento

1. Pida a una persona conocida por el niño (papá, hermano, tío, etc.) que le muestre una fotografía reciente de su mamá y le pregunte quién es ella. Alabe al niño si dice mamá cuando ve la fotografía diciéndole: "Muy bien, es tu mamá."

2. Si el niño no nombra a su mamá cuando la ve en la fotografía, ayúdelo. Colóquese frente a un espejo y dígale: "Mira, yo soy tu mamá", al tiempo que usted se señala en el espejo.

3. Enseguida muéstrele la fotografía y dígale: "Mira, aquí estoy en una fotografía." Pregunte al niño: "¿Quién está en la foto?", si el niño intenta decir que es usted o dice *mamá*, alábelo diciéndole: "Muy bien, soy yo, tu mamá."

4. Pida ayuda a los demás miembros de su familia para que le muestren la fotografía de usted al niño y le pregunten quién es la persona que está en la foto. Felicítelo cada vez que responda correctamente. Si al niño aún se le dificulta reconocer a su mamá en la foto, colóquese frente al niño y a la persona que le muestre la foto y dígale: "Mira, soy yo, tu mamá" y coloque la foto cerca de su cara para que el niño pueda ver a mamá y la foto al mismo tiempo.

5. Recuerde alabar al niño cada vez que intente o nombre a su mamá cuando la ve en una foto.

6. Gradualmente retire la ayuda que le dan al niño, hasta que logre nombrar a su mamá cuando la ve en una fotografía, por lo menos en tres de cinco presentaciones seguidas.

Objetivo 104

El niño nombrará a su papá cuando lo vea en una fotografía, en tres de cinco presentaciones seguidas.

Material

Una o dos fotografías recientes y no muy pequeñas del papá del niño y un espejo grande.

Actividad y procedimiento

1. Pida a una persona que conozca el niño (mamá, tío, hermano, etc.) que le muestre una fotografía de su papá y le pregunte: "¿Quién es él?" Felicite al niño si nombra a su papá cuando lo ve en la fotografía diciéndole: "Muy bien, es tu papá."

2. Si el niño no nombra a su papá cuando lo ve en la fotografía, ayúdelo. Colóquese frente al espejo y dígale: "Mira, soy yo, tu papá", al tiempo que se señala en el espejo. Enseguida muéstrele la fotografía y dígale: "Mira, aquí estoy en una fotografía." Ahora pregunte al niño quién está en la foto, si el niño intenta nombrarlo diciéndole *papá*, alábelo cada vez que lo haga diciéndole: "Muy bien, soy yo, tu papá."

3. Pida ayuda a los demás miembros de su familia para que le muestren la fotografía de papá al niño y le pregunten quién es la persona que está en la foto, alábenlo cada vez que responda correctamente. Si al niño aún se le dificulta reconocer a su papá en la foto, colóquese frente al niño y a la persona que le muestre la foto y dígale: "Mira, soy tu papá" y coloque la foto cerca de su cara para que el niño pueda verlo a usted y a la foto al mismo tiempo y reconozca que la foto es de usted.

4. Recuerde alabar al niño cada vez que intente nombrar o nombre a su papá cuando lo ve en una foto.

5. Paulatinamente retiren la ayuda que le dan al niño, hasta que logre nombrar a su papá cuando lo ve en una fotografía, por lo menos en tres de cinco presentaciones seguidas.

134

Objetivo 105

El niño utilizará apropiadamente el adjetivo calificativo *bonito*, por lo menos cinco veces durante una semana.

Material

Juguetes u objetos preferidos del niño.

Actividad y procedimiento

1. Aproveche las actividades que realice junto con el niño para mostrarle un juguete u objeto que sea de su preferencia para preguntarle: "¿Cómo está el (diga el nombre del objeto), bonito o feo?" Alabe al niño si aplica el adjetivo *bonito* para el juguete u objeto que más prefiere diciéndole: "Muy bien, sí es bonito."

2. Si el niño no aplica el adjetivo *bonito* para los objetos que son de su agrado, porque todavía no sabe qué es bonito y qué no lo es, ayúdelo. Siéntese frente a él y muéstrele cada uno de sus objetos y juguetes preferidos, puede también mostrarle ropa o cosas por las que demuestra mayor agrado, y dígale: "Mira, este es tu (diga el nombre), a ti te gusta mucho porque está bonito." Puede nombrar algunas de las características del objeto o juguete, por ejemplo, el color, el tamaño, la textura, etc. Anime al niño para que diga la palabra bonito o bonita, repitiendo frente al niño *bo-ni-to* en forma clara y muy despacio, ahora pídale al niño que lo repita con usted. Felicítelo cada vez que intente repetir junto con usted la palabra *bonito* ante sus juguetes u objetos preferidos. Poco a poco deje que él sea quien diga la palabra.

3. Repita la actividad con cada uno de los juguetes u objetos que sean del agrado del niño hasta que él mismo nombre apropiadamente los que son bonitos. No trate de mostrarle los que son bonitos para usted, deje que él solo comience a diferenciar los que le gustan más. Poco a poco diferenciará los bonitos de los que no lo son.

4. Retire paulatinamente la ayuda que le da al niño hasta que él solo use apropiadamente el adjetivo *bonito*, por lo menos cinco veces en una semana.

Objetivo 106

El niño utilizará apropiadamente el adjetivo calificativo *feo*, por lo menos cinco veces durante una semana.

Material

Juguetes u objetos que no le gustan al niño.

Actividad y procedimiento

1. Aproveche cualquier actividad que realice con el niño para mostrarle un juguete u objeto que no sea de su agrado para preguntarle: "¿Cómo está el (diga el nombre del objeto), feo o bonito?" Festeje al niño si aplica el adjetivo *feo* para el juguete u objeto que no sea de su agrado, diciéndole: "No te gusta, verdad, porque es feo."

2. Si el niño no usa apropiadamente el adjetivo *feo*, para los objetos que no son de su agrado, porque todavía no sabe qué es feo y qué no lo es, ayúdelo. Siéntese frente a él y muéstrele algunos de los objetos que no son de su agrado, pueden ser juguetes, objetos, ropa, etc., y dígale: "Mira, este es tu (diga el nombre), a ti no gusta, entonces está feo." Puede nombrar algunas de las características del objeto como el color, la textura, el tamaño, etc. Anime al niño a que diga la palabra *feo*, repitiendo frente a él *feo*, en forma clara y muy despacio. Ahora pídale que la repita junto con usted y alábelo cada vez que intente repetir la palabra *feo* ante los juguetes y objetos que no le gustan, paulatinamente deje que sea él quien diga la palabra, usted cada vez dígala más suave, hasta que logre decirla solo.

3. Repita la actividad con los juguetes hacia los que demuestre desagrado, hasta que él mismo nombre apropiadamente los que son feos, no trate de mos-

trar los que son feos para usted, deje que sea él quien comience a diferenciar los que no son de su agrado de los que sí lo son.

4. Retire gradualmente la ayuda que le da al niño hasta que él solo use apropiadamente el adjetivo *feo*, por lo menos cinco veces en una semana.

Objetivo 107

El niño utilizará apropiadamente el adjetivo calificativo *caliente*, por lo menos cinco veces seguidas.

Material

Cosas calientes como agua, leche, sopa, etc., y dos platos de plástico.

Actividad y procedimiento

137

1. Aproveche la ocasión en que esté bañando al niño o dándole de comer para preguntarle cómo está el agua con la que lo baña o como está la sopa que está comiendo, si el niño responde apropiadamente diciendo que está caliente, alábelo diciéndole: "Muy bien, está caliente."

2. Si el niño no utiliza apropiadamente el adjetivo *caliente*, porque no sabe distinguir entre lo que es caliente y lo que no lo es, ayúdelo. Coloque sobre una mesa dos platos, uno con agua fría y otro con agua caliente, enseguida pida al niño que meta sus manos en ellos (una en cada plato), señale el recipiente con agua caliente y dígale: "Siente cómo ésta, está caliente, la otra esta fría." Repita varias veces la palabra *ca-lien-te*, anime al niño a repetir la palabra con usted, hasta que poco a poco él la diga solo. Alabe al niño cada vez que intente hacerlo o lo haga correctamente.

3. Aproveche cualquier ocasión en la que el niño esté en contacto con algo caliente, como: el agua donde lo baña, su leche, su sopa, su cama, etc., para preguntarle: "¿Cómo está (diga el nombre del objeto o alimento)?", felicítelo cada vez que use apropiadamente la palabra *caliente*.

4. Retire paulatinamente la ayuda que le da al niño para distinguir entre lo que es caliente de lo que no lo es, hasta que el niño use apropiadamente el adjetivo calificativo *caliente*, por lo menos cinco veces seguidas.

Objetivo 108

El niño utilizará apropiadamente el adjetivo calificativo *frío*, por lo menos cinco veces seguidas.

Material

Cosas frías como el agua, la leche, los hielos, etc., y dos platos de plástico.

138

Actividad y procedimiento

1. Aproveche la ocasión en que esté bañando al niño o dándole de comer para preguntarle cómo está el agua (cuando abra la llave del agua fría) o cómo está la gelatina, si el niño responde apropiadamente que está fría, alábelo diciéndole: "Muy bien, está fría."

2. Si el niño no utiliza apropiadamente el adjetivo *frío*, porque no sabe distinguir qué está frío y qué no lo está, ayúdelo. Coloque sobre una mesa dos platos hondos con agua, uno con fría y otro con caliente, enseguida pida al niño que meta sus manos en ellos (una en cada plato), señale el plato con agua fría y dígale: "Siente cómo esta agua está fría, la otra está caliente." Repita

varias veces la palabra *frí-a*, anime al niño a repetir la palabra con usted, hasta que paulatinamente él la diga solo. Alabe al niño cada vez que lo intente o lo haga correctamente.

3. Aproveche cualquier ocasión en que el niño esté en contacto con algo frío, como: una paleta helada, un vaso de agua fría, su leche fría, etc., para preguntarle: "¿Cómo está (diga el nombre del alimento)?", alábelo cada vez que use apropiadamente la palabra *frío*.

4. Retire gradualmente la ayuda que le da al niño para distinguir lo que es frío de lo que no lo es, hasta que el niño use apropiadamente el adjetivo calificativo *frío* por lo menos cinco veces seguidas.

Objetivo 109

El niño utilizará apropiadamente sustantivos, por lo menos cinco veces durante un día.

Material

Diferentes objetos y dibujos en libros infantiles.

139

Actividad y procedimiento

1. Aproveche cualquier actividad que realice con el niño para observar si utiliza adecuadamente sustantivos, como: papá, mamá, bebé, nene, mesa, fruta, etc., pueden ser personas, animales u objetos con los que el niño se relaciona. Si el niño los utiliza, alábelo diciéndole: "Muy bien ese es un (diga el nombre)."

2. Si el niño no utiliza adecuadamente los sustantivos, ayúdelo. Muestre un objeto, animal o cosa con los que el niño tenga más contacto y dígale: "Este es un (diga el nombre)", diga el nombre en forma clara y despacio para que el

niño pueda observar cómo lo dice, poco a poco disminuya el volumen de su voz, para que sólo se escuche la voz del niño. Anímelo a que continúe nombrando varias cosas, como: mesa, silla, gato, perro, agua, pan, pera, etc. Felicítelo cada vez que nombre cada uno de los objetos, animales o cosas por su nombre.

3. Recuerde que al platicar con el niño usted deberá pronunciar correctamente las palabras que emplee, evite "comerse" letras o hablar en diminutivo al dirigirse a las cosas.

4. Acostumbre al niño a que en sus juegos y actividades emplee las palabras que ya conoce, llamando a las cosas por su nombre. Corríjalo cada vez que se equivoque y felicítelo cada vez que se refiera a ellas correctamente.

Objetivo 110

El niño utilizará apropiadamente frases compuestas por adjetivos y nombres, por lo menos en tres de cinco veces durante el día.

140

Material

Objetos o juguetes del niño, revistas o cuentos.

Actividad y procedimiento

1. Aproveche cualquier actividad que realice con el niño para observar si en su plática utiliza frases compuestas por adjetivos y nombres, como: el perro es bonito, la casa fea, el carro chico, el perro grande, etc. Si el niño utiliza adjetivos calificativos (por ejemplo, grande, chico, feo, bonito, caliente, frío, alto, bajo, o colores, etc.) y los aplica a objetos, personas o animales, alábelo diciéndole: "Muy bien, el (diga el nombre del objeto, animal o cosa) es (diga el adjetivo que lo califica)."

2. Si el niño no usa apropiadamente los adjetivos y nombres, ayúdelo. Siéntese frente a él con varios objetos o juguetes de él, y muéstreselos uno a uno, diciéndole, por ejemplo: "El perro es

bonito." Permítale que juegue con él y pregúntele: "¿Cómo es el perro?", espere la respuesta del niño, y alábelo si le responde que es bonito; si no lo hace ayúdelo diciéndole *bo-ni-to*. Anímelo a que repita junto con usted y alabe cada intento que haga por decirlo.

3. Muéstrele uno a uno los objetos y dígale: "Es (bonito, grande, feo, caliente, etc.)." Utilice los adjetivos calificativos mencionados anteriormente para ir formando las frases.

4. Aproveche las actividades que realice el niño durante el día para animarlo a usar frases compuestas, por ejemplo, cuando estén comiendo pregúntele: "¿Cómo está la sopa?", anímelo a contestar, si él no lo hace, diciéndole: "Está caliente" o "fría"; así, aproveche todas la actividades que realice el niño para que use apropiadamente frases compuestas por adjetivos y nombres.

141

Objetivo 111

El niño usará en sus expresiones el pasado y el presente (aunque aún los mezcle), por lo menos cinco veces durante una semana.

Material

Juguetes y objetos del niño.

Actividad y procedimiento

1. Aproveche cualquier actividad que realice con el niño para observar si en sus expresiones usa el pasado y el presente (aunque

aún los mezcle) como: "Ayer fui al parque", cuando quiere decir: "Hoy fui al parque." Anímelo a seguir expresándose con el pasado y el presente, diciéndole: "Muy bien, sí fuiste al parque, pero no fue ayer, sino hoy en la mañana."

2. Si el niño no usa en sus expresiones el presente y el pasado ayúdelo. Pídale que le lleve alguna prenda de vestir que haya usado el día anterior (pantalón, camisa, vestido, etc.), porque lo va a lavar, cuando el niño se lo entregue dígale: "Este pantalón lo usaste ayer, ¿te acuerdas?", si el niño contesta que sí, pregúntele: "¿Cuándo te pusiste este pantalón?", alábelo si contesta que ayer; si no es así anímelo a decir *ayer*, dígalo despacio y claramente y pida que lo repita con usted. Continúe recordándole cosas que haya hecho el día anterior y dígale: "Eso te pasó ayer."

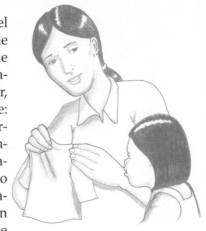

3. Ahora ayúdelo a expresar lo que esté haciendo en el momento, pregúntele: "¿Qué estás haciendo?", alábelo si responde correctamente lo que hace. Si no, anímelo diciéndole: "Ahora estás (diga lo que hace)." Realice preguntas relacionadas con los acontecimientos sucedidos ese día. Exprese constantemente lo que están haciendo utilizando frases como: estamos lavando la ropa, estamos comiendo, estamos viendo la televisión, etcétera.

4. Otra forma de ayudarlo es observar si durante sus pláticas usa en sus expresiones el pasado y el presente; si aún se confunde corríjalo diciéndole: "No, eso te pasó hoy" o "eso te pasó ayer" (según sea el caso). Anímelo a que continúe su plática diciéndole: "A ver, cuéntanos qué más hiciste hoy (o ayer)."

5. No se desespere, es natural que el niño confunda en sus expresiones el pasado y el presente, pero gradualmente logrará diferenciarlos. Por ahora lo más importante es que los use, y cada vez que haya oportunidad continúe corrigiéndolo.

Objetivo 112

El niño entonará adecuadamente sus palabras, en todas sus expresiones.

142

Material

Revistas o dibujos con niños con distintas expresiones.

Actividad y procedimiento

1. Aproveche cualquier actividad que realice con el niño para observar si en sus expresiones entona adecuadamente sus palabras en la forma de preguntar, admirarse, estar triste o contento, etc. Si el niño así lo hace, anímelo a que continúe haciéndolo diciéndole: "Muy buena pregunta", "¿por qué lo dices tan triste?", "¡qué bien que estás contento!, etcétera.

2. Si el niño no sabe aún darle la entonación adecuada a sus palabras, ayúdelo. Siéntese junto a él y muéstrele alguna revista o dibujos de niños con distintas expresiones (contentos, enojados, tristes, preguntando, sorprendiéndose, etc.) y muéstreselos diciéndole: "Mira, este niño está preguntando (diga lo que pregunta, puede improvisar según el dibujo)", ahora dígale: "¿Dime, cómo está preguntando el niño?" Si repite la pregunta con la entonación que usted le dio, alábelo diciéndole: "Muy bien, así está preguntando el niño"; si el niño sólo repite la pregunta pero sin la entonación adecuada, anímelo a que vuelva a decirla, enseñándole nuevamente la entonación que debe darle, si hace la entonación adecuada, felicítelo.

3. Continúe mostrándole algunos otros niños con otras expresiones, siguiendo el procedimiento anterior. Alabe al niño cada vez que repita la entonación que usted le enseña.

4. Aproveche cualquier ocasión para corregir al niño cuando no haga la entonación adecuada, hasta que paulatinamente el niño, con la práctica, le dé la entonación adecuada a sus palabras.

Subcategoría: Pronuncia palabras

Objetivo 113

El niño responderá afirmativamente y apropiadamente inclinando la cabeza y usando la palabra *sí*, después de que se le haga una pregunta, en cuatro de cinco veces seguidas.

Material

Objetos o pertenencias del niño, un espejo grande.

Actividad y procedimiento

1. Aproveche cualquier juego que realice con el niño para preguntarle sobre algunos de sus juguetes diciéndole: "¿Éste (diga el nombre del juguete) es tuyo?", si el niño responde afirmativamente, moviendo la cabeza y diciéndole la palabra *sí*, alábelo diciéndole: "Muy bien, sí es tuyo."

2. Si el niño no sincroniza apropiadamente la palabra *sí* con el movimiento de su cabeza (hacia abajo y hacia arriba), ante una pregunta que debe contestar afirmativamente, ayúdelo. Continúe preguntándole acerca de sus cosas, como: ropa, juguetes, zapatos, etc., diciéndole: "¿Es ésta tu pelota?", responda usted, invitando al niño a que también lo haga, diciéndole: "Sí, es tu pelota", al tiempo que mueve usted su cabeza indicando el sí. Nuevamente pregúntele: "¿Verdad que sí es tu pelota?", si el niño intenta responder diciéndole *sí* (aunque sea en tono bajo) e intentando hacer el movimiento de la cabeza felicítelo. Si no lo hace, ayúdelo, colóquense frente a un espejo y mueva

suavemente su cabeza hacia arriba y hacia abajo diciendo *sss-íí*, lenta y claramente, para que el niño lo haga también. A cualquier intento que haga el niño por sincronizar la palabra *sí* con el movimiento de cabeza, anímelo a que continúe haciéndolo, diciéndole: "Eso es, así se hace."

3. Procure realizar continuamente preguntas que el niño tenga que responder afirmativamente, alabándolo cada vez que lo haga correctamente.

4. Retire la ayuda que le da al niño, hasta que poco a poco él responda afirmativamente (cuando la pregunta lo requiera) moviendo su cabeza, al tiempo que dice la palabra *sí*, por lo menos en cuatro de cinco veces seguidas.

Objetivo 114

El niño responderá negativamente y apropiadamente moviendo la cabeza hacia los lados y usando la palabra *no*, después de que se le haga una pregunta, en cuatro de cinco veces seguidas.

145

Material

Objetos del niño, un espejo grande.

Actividad y procedimiento

1. Aproveche cualquier actividad que realice con el niño para preguntarle sobre algunos de sus juguetes, diciéndole: "¿Ésta es una pelota?", al tiempo que le enseña otro objeto. Si el niño responde negativamente, moviendo su cabeza hacia los lados, al tiempo que dice la palabra *no*, alábelo diciéndole: "Muy bien, no es una pelota, es un coche."

2. Si el niño no sincroniza apropiadamente la palabra *no* con el movimiento de su cabeza, ayúdelo. Colóquense frente a un espejo y

mueva suavemente su cabeza hacia los lados, al tiempo que dice *nnn-ooo*, lenta y claramente, para que el niño lo haga también. Ante cualquier intento que haga el niño por sincronizar la palabra *no* con el movimiento de cabeza, alábelo y anímelo a que continúe haciéndolo, diciéndole: "Eso es, así se hace."

3. Realice preguntas al niño continuamente a las que tenga que responder negativamente, felicítelo cada vez que lo haga correctamente.

4. Retire la ayuda que le da al niño, hasta que paulatinamente él responda negativamente, cuando la pregunta lo requiera, moviendo su cabeza, al tiempo que dice la palabra *no*, por lo menos en cuatro de cinco veces seguidas.

Subcategoría: Expresa deseos sin llorar

Objetivo 115

El niño señalará y pronunciará el nombre de los objetos que desee, en tres de cinco veces seguidas.

146

Material

Objetos conocidos por el niño.

Actividad y procedimiento

1. Aproveche la ocasión en que el niño desee un objeto para observar si señala y pronuncia su nombre, si es así, alábelo diciéndole: "Muy bien, ahora te lo doy."

2. Si el niño llora en lugar de pronunciar el nombre del objeto que desea, consuélelo hasta que cese su llanto diciéndole en un tono suave: "Si lloras no entiendo lo que quieres", ya que ha dejado de llorar pregúntele: "¿Qué es lo que quieres?", anímelo a que señale diciéndole: "A ver, enséñame qué es lo que quieres." Si el niño no señala el objeto dígale: "Esto es un (diga el nombre del objeto)" y anímelo a que repita con usted el nombre del objeto, repítalo despacio y claramente. Baje paulatinamente el tono de su voz, para que se escuche más la del niño.

Ahora nuevamente pregúntele lo que desea, si el niño intenta señalar y dice el nombre del objeto en voz baja, entréguele el objeto y anímelo a que continúe haciéndolo, diciéndole: "Eso es, si me enseñas y me dices el nombre de lo que deseas, yo te lo entrego."

3. Aproveche las ocasiones en que el niño desee algo para pedirle que señale y nombre lo que quiera para poder dárselo.

4. Si lo que el niño pide es algo que usted no puede darle, ya sea porque es algún objeto peligroso (cuchillos, tijeras), o porque pueda romperse (botellas u objetos de vidrio), siempre explíquele por qué no puede dárselas.

5. Poco a poco retire la ayuda que le da al niño hasta que él mismo señale y pronuncie el nombre de los objetos que desee, por lo menos en tres de cinco veces seguidas.

147

Objetivo 116

El niño señalará y pronunciará lo que desea ante personas conocidas, en tres de cinco veces seguidas.

Material

Objetos conocidos por el niño.

Actividad y procedimiento

1. Aproveche la ocasión en la que el niño desee un objeto para observar si señala y pronuncia el nombre de éste ante personas conocidas, como papá, hermanos, tíos, primos, abuelitos, etc. Si es así, pida que alaben al niño diciéndole: "Muy bien, ahora te lo doy."

2. Si el niño no señala ni pronuncia el objeto que desea ante personas conocidas, y en lugar de esto llora, consuélelo hasta que cese su llanto diciéndole: "Mira, es (diga el nombre de la persona), ella te puede dar lo que quieres, pero no llores porque así no te entiende lo que pides." Ya que ha dejado de llorar pida a la persona conocida que le pregunte nuevamente qué es lo que desea, anímelo a que señale diciéndole: "Enséñale lo que quieres", si el niño señala el objeto dígale: "Eso es un (diga el nombre del objeto)", repítalo despacio y claramente, poco a poco baje el tono de su voz, para que de esta forma se escuche más la del niño. Ahora, nuevamente pídale a la persona conocida que le pregunte al niño qué es lo que desea, si el niño intenta señalar y decir el nombre del objeto, diga a la persona que le entregue el objeto y que lo anime a que siga haciéndolo, diciéndole: "Eso es, si me enseñas y me dices el nombre de lo que quieres, yo te lo entrego." También usted anímelo diciéndole: "Ya ves como tu (diga lo que es del niño) te entrega lo que quieres, sólo tienes que enseñárselo y decirle qué quieres."

3. Aproveche las ocasiones en que haya personas conocidas en su casa, para que el niño practique, señalando y diciendo qué desea, sin llorar. Enséñeles a los demás miembros de la familia cómo deben realizar la actividad para que el niño no les pida llorando las cosas, sino señalando y nombrándolas.

4. También pida a sus familiares o personas conocidas por el niño que, en caso de no poder darle el objeto al niño, le expliquen siempre el motivo por el cual no pueden darle el objeto que les pide.

5. Paulatinamente retiren la ayuda que le dan al niño, hasta que él mismo señale y pronuncie lo que desea ante personas conocidas, por lo menos en tres de cinco veces seguidas.

Objetivo 117

El niño llamará a su mamá cuando desee algo, por lo menos cinco veces durante el día.

Material

Juguetes o pertenencias del niño.

Actividad y procedimiento

149

1. Aproveche la ocasión en la que el niño desee un objeto y usted no esté frente a él, pero esté muy cerca, para observar si el niño la llama diciéndole *mamá* y señala y dice el nombre de lo que desea. Si es así, alábelo diciéndole: "Dime, qué es lo que quieres."

2. Si el niño, en lugar de llamarla, sólo grita o llora para atraer su atención y mostrarle lo que quiere, acérquese a él y dígale en tono suave: "Yo soy tu mamá, y así debes decirme cuando quieras hablarme." Ahora pregúntele: "¿Cómo me vas a llamar cuando quieras que venga?", felicite al niño si hace cualquier intento por decirle *mamá*, anímelo a que continúe haciéndolo, diciéndole: "Muy bien, así debes llamarme."

3. Aproveche cualquier ocasión en que el niño se dirija a usted para pedirle algo. Si la llama *mamá*, alábelo diciéndole: "Muy bien, así debes llamarme." Si al niño aún se le olvida

cómo debe llamarla, recuérdeselo diciéndole: "Recuerda que debes llamarme mamá, porque no sé si me llamas a mí."

4. Cada vez que el niño la llame *mamá* para mostrarle lo que desea, acuda a su llamado y felicítelo por haberla llamado *mamá*.

5. Poco a poco el niño se acostumbrará a llamarla cuando desee algo, y lo hará cada vez más seguido si lo practica constantemente. Si usted acude a cualquier otro grito, como: *ven, dámelo*, etc., el niño podría dejar de llamarla *mamá*, así que sólo acuda a este llamado, así el niño continuará llamándola *mamá*.

6. Gradualmente retire la ayuda que le da al niño, hasta que él la llame *mamá*, cuando desee algo, por lo menos cinco veces durante el día.

Objetivo 118

El niño jalará a un adulto o niño, tomándolo de la mano, para mostrarle lo que quiere, por lo menos cinco veces durante un día.

150

Material

Objetos y pertenencias del niño.

Actividad y procedimiento

1. Aproveche la ocasión en la que el niño desee algo y usted no esté frente a él, para observar si el niño trata de jalarla, tomándola suavemente de la mano, para enseñarle y decirle lo que quiere. De ser así alábelo diciéndole: "Muy bien, ahora te lo doy."

2. Si el niño no la toma de la mano para mostrarle lo que quiere, y en lugar de esto llora, consuélelo hasta que cese su llanto, diciéndole en tono suave: "Si lloras no entiendo lo que quieres." Anímelo a que la tome de la mano y caminen hacia donde el niño la lleve para mostrarle lo que quiere diciéndole: "A ver, enséñame que es lo que quieres." Si el niño intenta llevarla hacia el lugar, alábelo diciéndole: "Muy bien, a dónde quieres ir", acepte ir hacia el lugar que quiera el niño.

3. Si el niño quiere llevarla a un lugar hacia donde no deben ir (por ejemplo, el cruce de una calle, la estufa, asomarse mucho por una ventana, etc.) explíquele por qué no pueden dirigirse a ese lugar.

4. Asimismo, si el niño ya la ha llevado al lugar donde desea mostrarle lo que desea, pero el objeto que le pide no se lo puede entregar porque representa algún peligro para él, explíquele siempre el motivo por el cual no puede dárselo.

5. Invite al niño a mostrar a los demás miembros de la familia lo que desea, dígale que los tome suavemente de su mano y los lleve al lugar a donde quiere que se le dé algo. Pida a sus familiares que siempre le expliquen al niño cuando no puedan dirigirse hacia donde él desea ir o cuando no puedan darle lo que les pide.

Subcategoría: Imita un ruido

Objetivo 119

El niño imitará correctamente el sonido del teléfono, después de presentárselo en tres de cinco presentaciones seguidas.

Material

Un teléfono (puede ser de juguete o una ilustración).

Actividad y procedimiento

1. Aproveche cualquier actividad que realice con el niño para pedirle que reproduzca el sonido que hace el teléfono, al tiempo que le muestra un teléfono, anímelo a que él lo haga diciéndole: "Ahora hazlo tú." Alabe al niño si reproduce el sonido diciéndole: "Eso es, así hace el teléfono."

2. Si el niño no responde, ayúdelo. Platíquele al niño acerca de las características del teléfono, dígale que tiene una bocina, que por ahí hablamos y escuchamos a quien nos habla, que con los botones marcamos los números del teléfono de otra casa, que nos sirve para comunicarnos, y que suena *ring-ring*. Pídale que haga como el teléfono, si el niño intenta reproducir el sonido, alábelo y anímelo a que continúe haciéndolo, diciéndole: "Muy bien, así suena el teléfono."

3. Juegue con el niño a que ambos hablan por teléfono, al tiempo que simulan que éste suena, alábele al niño cada vez que reproduzca el sonido.

4. Cante algunas canciones en las que imiten el ruido del teléfono, como las de Cri-Cri. Anímelo a reproducir el sonido cada vez que lo oiga y alábelo cada vez que lo haga.

Objetivo 120

El niño imitará correctamente el sonido del tambor, después de presentárselo, en tres de cinco presentaciones seguidas.

Material

Un tambor de juguete (puede hacer uno con una caja).

Actividad y procedimiento

1. Aproveche cualquier actividad que realice con el niño para decirle: "Vamos a hacer como suena un tambor, *pom-pom*", al tiempo que le muestra un tambor. Anímelo a que él lo haga diciéndole: "Ahora hazlo tú", y alabe al niño si reproduce el sonido diciéndole: "Eso es, así hace el tambor."
2. Si el niño no reproduce el sonido, ayúdelo. Platíquele algunas de las características del tambor, dígale que es redondo, dónde se le pega para que haga el sonido, y anímelo a que haga el sonido diciéndole: "Ahora hazlo tú." Si el niño intenta reproducir el sonido, alábelo diciéndole: "Eso es, así suena el tambor", y pídale que continúe haciéndolo.
3. Permita al niño que juegue con el tambor, al tiempo que le pide que produzca su sonido, alábelo cada vez que lo haga.
4. Puede variar el juego, pídale que jueguen a los soldados y que están marchando al mismo tiempo que suena su tambor, alábelo cada vez que produzcan el sonido.

153

Objetivo 121

El niño imitará correctamente el cacareo de la gallina, después de presentárselo, en tres de cinco presentaciones seguidas.

Material

Una gallina de juguete (o una ilustración).

Actividad y procedimiento

1. Aproveche cualquier actividad que realice con el niño para pedirle que reproduzca el cacareo de la gallina, al tiempo que le muestra la gallina anímelo a que él lo haga diciéndole: "Ahora hazlo tú." Alabe al niño si reproduce el sonido diciéndole: "Eso es, así hace la gallina."

2. Si el niño no reproduce el sonido, ayúdelo. Platique al niño acerca de las características de la gallina, dígale que tiene plumas, un pico y dos patas, que pone huevos, etc. Anímelo a que reproduzca el sonido diciéndole "Vamos a hacer como la gallina, *cacaraca-cacaraca*", anímelo a que lo haga diciéndole: "Ahora hazlo tú"; si el niño intenta reproducir el sonido, alábelo diciéndole: "Eso es, así hace la gallina."

3. Cuando tenga la oportunidad, lleve al niño a visitar un gallinero y muéstrele cómo hacen las gallinas, anímelo a que imite el cacareo de éstas, alabándolo cada vez que lo haga.

4. Puede jugar con el niño a la gallinita ciega: tápese los ojos y trate de encontrar al niño al tiempo que usted cacarea como una gallina, una vez que encontró al niño, pídale que él sea la gallinita ciega y que la tiene que buscar a usted, al tiempo que él cacarea. Felicite al niño cada vez que reproduzca el sonido de una gallina.

Objetivo 122

 El niño imitará correctamente el graznido del pato, después de presentárselo, en tres de cinco presentaciones seguidas.

Material

Un pato de juguete (o una ilustración).

Actividad y procedimiento

1. Aproveche cualquier actividad que realice con el niño para pedirle que produzca el graznido del pato, diciéndole: "Vamos a
hacer como hace un pato", al tiempo que le muestra un pato y
dice *cua-cua-cua*, anímelo a que él lo haga diciéndole: "Ahora
hazlo tú." Alabe al niño si reproduce el sonido diciéndole: "Eso
es, así hace el pato."

2. Si el niño no reproduce el sonido, ayúdelo. Platique al niño acerca de las características del pato, dígale que tienen dos patas,
que sus plumas pueden ser blancas, que viven en el agua, y que
hacen *cua-cua-cua*. Anime al
niño a que reproduzca el sonido diciéndole: "Ahora haz
tú como hacen los patos." Si
el niño intenta reproducir el
sonido, alábelo y anímelo a
que continúe haciéndolo, diciéndole: "Eso es, así hacen
los patos."

3. Cuando tenga la oportunidad
de ir a algún parque donde
haya un lago con patos, lleve al niño y anímelo a que imite su graznido, alabándolo cada vez que lo haga.

4. Puede jugar al tiempo que producen el graznido de los patos,
alabe al niño cada vez que haga el sonido del pato.

155

CATEGORÍA: SOCIALIZACIÓN

**Subcategoría: Responde ante su
imagen en el espejo**

Objetivo 123

El niño localizará a través de la imagen reflejada en el espejo dos o más objetos fuera de su campo visual, en tres
de cinco representaciones seguidas.

Material

Dos o tres objetos conocidos por el niño, un espejo grande.

Actividad y procedimiento

1. Coloque al niño frente a un espejo grande donde se pueda observar bien, enséñele la imagen de uno o dos objetos reflejados en el espejo (los objetos deberán estar detrás del niño, pero de modo que se reflejen en el espejo para que él pueda verlos). Enseguida pregúntele al niño: "¿Dónde está (diga el nombre de un objeto)?", alabe al niño si trata de señalar o tomar el objeto tocando el espejo, diciéndole: "Eso es, ahora dime, ¿dónde está (diga el nombre de un segundo objeto)?", si el niño también trata de tocar o señalar el objeto por medio de la imagen que se refleja en el espejo, felicítelo diciéndole: "Muy bien, ahí también está (diga el nombre del objeto)."

2. Si el niño no localiza los objetos a través de la imagen que se refleja en el espejo, ayúdelo. Colóquese junto al niño (póngase en cuclillas, para estar a la altura del niño), tome suavemente su mano y guíela hacia el espejo tocando éste en el lugar donde se refleja un objeto, al tiempo que le dice: "Mira, aquí se ve el (diga el nombre del primer objeto)", y enseguida muéstrele dónde esta el segundo objeto diciéndole: "Mira, aquí está el otro." Suéltele la mano al niño y pídale que ahora él le muestre dónde están los objetos, si el niño intenta señalar uno, anímelo a que le muestre el segundo diciéndole: "Eso es, ahora dime dónde está el (diga el nombre del segundo objeto)." Alabe al niño si intenta señalar los dos objetos.

3. Practique con otros objetos o juguetes que sean muy atractivos para el niño para que así muestre más entusiasmo al quererlos localizar.

4. Paulatinamente retire la ayuda que le da al niño, hasta que él localice dos o más objetos cuando usted se lo pida, por lo menos en tres de cinco presentaciones de objetos seguidas.

Subcategoría: Juego independiente

Objetivo 124

El niño abrazará su juguete preferido al dárselo, en cuatro de cinco veces seguidas.

Material

Los juguetes preferidos por el niño.

Actividad y procedimiento

157

1. Aproveche cualquier juego que realice con el niño para permitirle que juegue con su juguete preferido, si durante su juego el niño abraza a su juguete, alábelo diciéndole: "Eso es, abraza tu juguete."
2. Si el niño no abraza su juguete durante su juego, aunque sea el que más le guste a él, siéntese junto a él y tome otro de los juguetes del niño y anímelo a que abrace al que tiene entre sus manos diciéndole: "Vamos a abrazar a nuestros juguetes, porque son los que más nos gustan", si el niño hace cualquier intento por abrazarlo, alábelo diciéndole: "Eso es, abraza a tu juguete."
3. Procure mostrar al niño los juguetes más llamativos para él, para que de esta forma el niño se anime a abrazarlo.

4. Gradualmente retire la ayuda que le da al niño, hasta que él solo abrace a su juguete preferido cuando se lo dé, por lo menos cuatro de cinco veces seguidas.

Objetivo 125

El niño jugará en un solo lugar, durante un minuto, por lo menos cinco veces durante el día.

Material

Juguetes del niño (los más atractivos para él).

Actividad y procedimiento

1. Proporcione al niño los juguetes que más le gustan o llamen su atención, como: pelotas, coches, muñecos, etc., y déjelo jugar en un lugar seguro (donde pueda permanecer jugando solo sin correr riesgo alguno). Si el niño permanece jugando solo por lo menos durante un minuto, alábelo diciéndole: "Muy bien, estás jugando tú solo."

2. Si el niño llora porque no quiere quedarse solo, quédese un momento con él y muéstrele algunos juguetes con los que pueda entretenerse, poco a poco vaya alejándose de él y también vaya disminuyendo el tiempo que está con él, hasta que pueda permanecer solo por un minuto. Después de que haya transcurrido el minuto, regrese con él y alábelo diciéndole: "Eso es, juega tú, mientras mamá limpia la casa."

3. Ofrézcale juguetes atractivos, pero que no representen algún peligro, como las canicas u objetos muy pequeños.

4. Poco a poco retírese del niño hasta que logre permanecer jugando solo por un minuto, por lo menos cinco veces durante el día.

Subcategoría: Juego acompañado

Objetivo 126

El niño jugará con otros niños a la pelota, por lo menos cuatro veces durante el día.

Material

Pelota de aproximadamente 25 cm de diámetro.

Actividad y procedimiento

1. Aproveche la visita de familiares o amigos para que el niño juegue con ellos a la pelota, espere a que el grupo de niños se integre y comiencen a jugar. Si el niño se integra a ellos y juega a la pelota, al terminar su juego felicítelo.
2. Si el niño llora, se aleja o no quiere jugar con los otros niños, intégrese usted con él al grupo y muéstrele cómo pueden jugar a la pelota (rodándola, pateándola, botándola, etc.). Anime al niño a participar en la actividad, diciéndole: "Eso es, ahora mándasela a (diga el nombre de un niño con los que juega)", si el niño empieza a interesarse en el juego y participa con los otros niños, aléjese poco a poco de él, hasta que logre retirarse del juego, y presenciarlo de cerca. Al terminar el juego felicite al niño.

3. Es importante que observe cuáles son los juegos que más le gusta jugar al niño con la pelota, para procurar que sean éstos los que más veces juegue y así el niño participe más entusiasmado. No lo obligue a hacer algo que no le gusta o a jugar con quien no quiera, pues él solo poco a poco seleccionará sus juegos con la pelota y los niños con los que quiere jugar.

4. Paulatinamente retire la ayuda que le da al niño, hasta que por sí mismo juegue con otros niños a la pelota, por lo menos cuatro veces durante el día.

Objetivo 127

El niño imitará correctamente quehaceres sencillos del hogar cuando otra persona los hace, en tres de cinco veces seguidas.

Material

Escobas, jergas, cubeta.

160

Actividad y procedimiento

1. Aproveche cualquier actividad que realice con el niño para pedirle que juegue a limpiar la casa. Enséñele algunas tareas sencillas que pueda hacer el niño: guardar cosas, limpiar la mesa, barrer, etc. Si el niño hace lo que usted le demuestra felicítelo diciéndole: "Muy bien, así se hace."

2. Si el niño no imita las actividades que usted le muestra, ayúdelo. Tome sus manos suavemente y haga con él los movimientos necesario para realizar la actividad. Si el niño, al mostrarle cómo hacerlo, intenta continuar el movimiento alábelo diciéndole: "Muy bien, así se hace." Paulatinamente suelte las manos del niño, para que él solo haga el movimiento, felicítelo por hacerlo.

3. Haga atractiva la actividad proporcionándole utensilios de limpieza de su tamaño, como cubeta, trapo y escoba de juguete, así lo animará a hacer los movimientos correctos con cada objeto, es decir, barrer con la escoba, limpiar con la jerga, etcétera.

4. Alabe al niño cada vez que copie correctamente las actividades de quehaceres de la casa. Retire la ayuda gradualmente hasta que el niño imite adecuadamente los quehaceres del hogar, por lo menos en tres de cinco veces seguidas.

Objetivo 128

El niño mostrará u ofrecerá sus juguetes a otras personas, cinco veces seguidas durante una semana.

Material

Juguetes del niño.

161

Actividad y procedimiento

1. Aproveche cualquier juego que realice con el niño para pedirle que le muestre sus juguetes. Si el niño se los enseña y se los ofrece para que usted los vea, alábelo diciéndole: "¡Qué bonitos están!, gracias por enseñármelos."

2. Si el niño no le muestra ni le ofrece sus juguetes, ayúdelo. Siéntese junto a él y tome su mano suavemente (la que sostiene el juguete); si el niño retira la mano o llora sin dejárselo ver, consuélelo hasta que cese su llanto y dígale: "No te voy a quitar tu juguete, sólo quiero que me lo enseñes porque está muy bonito." Tome nuevamente la mano del niño (suavemente), y dígale: "Mira qué bonito está", suéltele la mano y permítale que continúe jugando unos momentos con su juguete.

Después dígale: "A ver, enséñame tu juguete", si el niño hace cualquier intento por enseñárselo, alábelo diciéndole: "Eso es, sólo quiero verlo." Paulatinamente enséñele al niño que no le va a quitar sus juguetes, que sólo quiere verlos, alabándolo cada vez que se los permita ver.

3. No intente forzar al niño a que le muestre sus juguetes, paulatinamente él se dará cuenta que sólo quiere mirarlos, y se los mostrará cuando desee que usted vea algo relacionado con ellos y se los ofrecerá.

Objetivo 129

El niño jugará individualmente, en compañía de otros niños, al repartirles materiales idénticos, tres de cuatro veces seguidas.

Material

Cubos de colores de diferentes tamaños, hojas blancas y lápices de colores.

Actividad y procedimiento

1. Aproveche la visita de familiares o amigos para que el niño juegue en compañía de otros niños al repartirles materiales idénticos, como cubos de colores, hojas blancas y lápices de colores. Siéntelos alrededor de una mesa y dígales que van a jugar con su material a lo que ellos quieran. Si el niño juega solo, sin intentar quitarle alguna pieza o juguete a sus compañeros, al terminar la actividad felicite al niño por jugar en compañía de los demás diciéndole: "Eso es, lo hiciste muy bien."

2. Si el niño no respeta el juego de los demás niños o si intenta quitarle alguna pieza a algún niño, enséñele que él tiene las suyas, muéstreselas y anímelo a jugar con ellas. Si se distrae con el juego de sus compañeros, llame la atención del niño mostrándole lo que él puede hacer con sus piezas y anímelo a que lo haga. Conforme el niño se concentre en su juego sin molestar a los demás

162

niños, aléjese de él gradualmente, hasta que termine su juego él solo, sin molestar a los niños, pero en su compañía.

3. Felicite al niño cada vez que juegue en compañía de otros niños, cuando todos tengan materiales iguales, diciéndole: "Eso es, trabajas muy bien con los demás niños."
4. Es importante que usted observe cuáles son los materiales más atractivos para el niño para procurar que éstos sean con los que juegue más frecuentemente, y así pueda participar más entusiasmado, sin interferir en el juego de los otros niños.
5. Varíe constantemente los materiales que les proporciona a los niños, para evitar que se aburran o distraigan fácilmente.
6. Paulatinamente retire la ayuda que le da al niño, hasta que logre jugar individualmente, pero en compañía de otros niños, por lo menos en tres de cuatro veces seguidas.

163

Subcategoría: Atiende y responde a lo que hacen los adultos

Objetivo 130

El niño hará preguntas sobre las actividades de los adultos, por lo menos tres veces durante el día.

Material

No se requiere material.

Actividad y procedimiento

1. Aproveche cualquier actividad que realice con el niño y observe si hace alguna pregunta relacionada con lo que usted está haciendo. Si es así, respóndale de inmediato y trate de explicar su actividad.
2. Si el niño no hace alguna pregunta ante la actividad que está usted realizando, interéselo diciéndole: "Mira, ven a ver lo que estoy haciendo." Si el niño se acerca y observa su actividad, anímelo a que le pregunte diciéndole: "Ya viste lo que es", si el niño intenta hacer alguna pregunta, como ¿*qué*?, respóndale y explíquele qué es lo que hace.

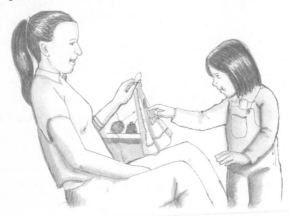

3. Si el niño aún no se interesa por las actividades que hacen los adultos, anímelo a preguntarle a otras personas lo que hacen diciéndole: "Vamos a preguntarle qué está haciendo", al tiempo que toma la mano del niño y lo dirige hacia la persona que está realizando una actividad. Cuando estén frente al adulto anime al niño a preguntar qué es lo que hace. Si el niño intenta hacer alguna pregunta en relación con lo que hace el adulto, alábelo diciéndole: "Eso es, así se pregunta."
4. Siempre que el niño muestre interés en lo que hacen los adultos y realice preguntas respóndale inmediatamente y trate de explicar lo que hace, con palabras sencillas para que él pueda entenderle, y siga mostrando interés por las actividades.
5. Quizá le cueste un poco de trabajo al niño realizar algunas preguntas a otras personas, pero paulatinamente el niño se acostumbrará, y será él quién muestre interés y pregunte sin su ayuda.

Objetivo 131

El niño responderá cuando le digan *hola* en tres de cinco veces seguidas.

Material

Un espejo.

Actividad y procedimiento

1. Aproveche la ocasión en que alguien salude al niño diciéndole *hola*, para observar si el niño le responde de igual forma. Si es así, alábelo diciéndole: "Eso es, así se responde."
2. Si el niño no responde al saludo de *hola*, ayúdelo. Colóquense frente a un espejo y muéstrele cómo decir *hoo-laaa*, dígalo despacio y claramente, al tiempo que le toma la mano al niño, haciendo el movimiento de saludar. Poco a poco baje el tono de su voz, para que sólo se escuche la del niño. Practique continuamente el saludo, por las mañanas o en las ocasiones en que nuevamente se encuentre con el niño. Si el niño hace cualquier intento de saludarlo, alábelo diciéndole: "Eso es, así se saluda."
3. Pida a los demás miembros de su familia que den el saludo de *hola* al niño, para que él les responda, así él también podrá observar cómo lo dicen, y se anime a contestarles.
4. Poco a poco retire la ayuda que le da al niño, hasta que él solo responda al saludo, cuando otras personas lo saluden, por lo menos en tres de cinco veces seguidas.

Objetivo 132

El niño reconocerá el estado de ánimo de las personas por su tono de voz y sus gesticulaciones, después de preguntárselo, en dos de tres veces seguidas.

165

Material

Láminas con personas que tengan distintos estados de ánimo (contentos, tristes, enojados, etc.).

Actividad y procedimiento

1. Cuando tenga la oportunidad de observar a una persona que está enojada, pregúntele al niño: "¿Cómo está (diga el nombre de la persona)?", si el niño reconoce su estado emocional, alábelo: "Eso es, está enojado." Cuando haya ocasión pregunte por otros estados de ánimo (triste y contento), si también los reconoce, felicítelo.

2. Si el niño no reconoce los estados de ánimo, ayúdelo. Siéntese junto a él y muéstrele una lámina donde esté una persona sonriendo, dígale: "Mira, que contento está, se está riendo", enseguida pídale que le muestre cómo se ríe, si el niño intenta reírse, felicítelo diciéndole: "Eso es, así se ríe."

3. Ahora muéstrele una lámina donde una persona esté triste, y dígale: "Mira, está muy triste", enseguida pídale que le demuestre cómo hace cuando está triste. Si el niño intenta demostrar tristeza, felicítelo diciéndole: "Eso es, así hace cuando está triste."

4. Ahora muéstrele un dibujo de una persona que está enojada y dígale: "Mira, está muy enojada", enseguida pídale que le muestre cómo hace cuando está enojado. Si el niño intenta demostrar que está enojado, alábelo diciéndole: "Eso es, a veces así nos enojamos."

5. Aproveche las distintas situaciones en que vean a una persona enojada, triste o contenta, para preguntarle al niño: "¿Cómo está (diga el nombre)?" Si el niño intenta reconocer el estado emocional de las personas por el tono de voz y sus gesticulaciones, alábelo diciéndole: "Muy bien, está (diga el estado emocional en el que se encuentra)."

6. Retire paulatinamente la ayuda que le da al niño, hasta que él solo reconozca el estado emocional de las personas, cuando se lo pregunte, por lo menos dos veces seguidas.

Subcategoría: Responde a la música

Objetivo 133

El niño moverá su cuerpo al ritmo de la música, durante dos minutos, en tres de cinco veces seguidas.

Material

Una grabadora o radio con la música que más le agrade al niño.

167

Actividad y procedimiento

1. Ponga el radio o la grabadora con la música favorita del niño. Observe si el niño comienza a moverse con el ritmo de ésta, por lo menos durante dos minutos; si es así, alabe al niño y anímelo a que continúe haciéndolo, diciéndole: "Eso es, así se baila."

2. Si el niño, al escuchar la música, no se anima a bailar, tómelo de sus manos y muévaselas al ritmo de la música. Para hacer más atractiva la actividad, cuelgue cascabeles a las manos del niño para que al moverlas vea y escuche cómo suenan éstos. Paulatinamente suelte las manos del niño y alábelo si hace cualquier intento por seguir bailando, anímelo a seguir haciéndolo, por lo menos durante dos minutos, diciéndole: "Eso es, baila con la música."

3. Aproveche cualquier ocasión en la que el niño asista a una fiesta o reunión para animarlo a bailar al ritmo de la música, por lo menos durante dos minutos.

4. Acostumbre al niño a escuchar música, pruebe distintos ritmos, y observe qué tipo de música le gusta más, para que sea ésta la que le ponga más seguido y lo anime a bailar cuando la escuche.

5. Poco a poco retire la ayuda que le da al niño, hasta que él baile por lo menos durante dos minutos al ritmo de la música que más le agrade, por lo menos tres veces seguidas.

Nivel 4

De 24 a 48 meses

CATEGORÍA: LENGUAJE RECEPTIVO

Subcategoría: Señala las partes del cuerpo

Objetivo 134

Señalará correctamente su pelo, cuando se le pida, en ocho de 10 ocasiones seguidas.

Material

Un espejo grande de mano, revistas y dibujos de niños.

Actividad y procedimiento

1. Colóquese frente al niño y pregúntele dónde está su pelo, si lo identifica correctamente, alábelo diciéndole: "Muy bien, ése es tu pelo."

2. Si el niño no lo identifica, ayúdelo. Colóquese frente al niño y enséñele cuál es, diciéndole: "Mira, ése es tu pelo", al tiempo que toca el pelo del niño. Enséñele también el de usted, diciéndole: "Mira, éste es el mío", al tiempo que se lo toca.

3. Después coloque al niño frente al espejo y pregúntele dónde está su pelo, si acierta felicítelo, si no, guíe su dedo índice hacia donde está, anímelo a que se lo toque y alábelo diciéndole: "Muy bien, ése es tu pelo."

4. Varíe la actividad, frente al espejo déle un peine al niño y dígale: "Péinate tu pelo", si acierta alábelo, si no, tómelo de la mano, agarren el peine y guíelo hacia su pelo. Ahora dígale: "Péinate tu pelo", alábelo cada vez que lo intente o lo haga correctamente.

5. Otra actividad que puede hacer es mostrarle varias revistas o dibujos de niños enseñándole cuál es el pelo de los niños y preguntándole después cuál es el de él, recuerde elogiarlo cada vez que señale correctamente.

6. Repita varias veces las actividades y retire gradualmente la ayuda y las alabanzas, hasta que por sí mismo identifique y señale cuál es su pelo, por lo menos en ocho de 10 ocasiones seguidas.

Objetivo 135

Señalará correctamente su cuello, cuando se le pida, en ocho de 10 ocasiones seguidas.

Material

Un espejo grande de mano, revistas y dibujos de niños.

Actividad y procedimiento

1. Colóquese frente al niño y pregúntele dónde está su cuello. Si lo identifica correctamente, alábelo diciéndole: "Muy bien, ése es tu cuello."

2. Si el niño no lo identifica, ayúdelo. Colóquese frente al niño y enséñele cuál es, diciéndole: "Mira, éste es el mío", al tiempo que se lo toca.

3. Después coloque al niño frente al espejo y pregúntele: "¿Dónde está tu cuello?" Si acierta alábelo, si no, muéstrele guiando su dedo índice hacia donde está el cuello. Anímelo a que se lo toque y felicítelo diciéndole: "Muy bien, ese es tu cuello."

4. Varíe la actividad, frente al espejo déle un collar o una bufanda y dígale: "Póntelo en tu cuello." Si acierta alábelo, si no, muéstrele cómo guiando el collar o la bufanda hacia su cuello, ahora dígale: "Póntelo en tu cuello", alábelo cada vez que intente hacerlo o lo haga correctamente.

5. Otra actividad que puede hacer es mostrarle varias revistas o dibujos de niños, enseñarle cuál es el cuello de los niños y después preguntarle cuál es el de él. Recuerde elogiarlo cada vez que señale correctamente.

6. Repita varias veces las actividades y retire paulatinamente la ayuda y las alabanzas, hasta que por sí mismo identifique y señale cuál es su cuello, por lo menos en ocho de 10 ocasiones seguidas.

Objetivo 136

171

Señalará correctamente su pecho, cuando se le pida, en ocho de 10 ocasiones seguidas.

Material

Un espejo grande de mano, revistas y dibujos de niños.

Actividad y procedimiento

1. Colóquese frente al niño y pregúntele dónde está su pecho. Si lo identifica correctamente, alábelo diciéndole: "Muy bien, ése es tu pecho."

2. Si el niño no lo identifica, ayúdelo. Colóquese frente al niño y enséñele cuál es, diciéndole: "Mira, éste es tu pecho", al tiempo que toca el pecho del niño. Enséñele también el de usted, diciéndole: "Mira, éste es el mío", al tiempo que se lo toca.

3. Después coloque al niño frente al espejo y pregúntele: "¿Dónde está tu pecho?" Si acierta alábelo, si no, guíe su dedo índice hacia donde está, anímelo a que se lo toque y felicítelo diciéndole: "Muy bien, ese es tu pecho."

4. Varíe la actividad, frente al espejo déle un broche o prendedor al niño y dígale: "Póntelo en tu pecho." Si acierta alábelo, si no, tome su mano, agarren el broche o prendedor y guíelo hacia su pecho. Ahora dígale: "Póntelo en tu pecho", alábelo cada vez que intente hacerlo o lo haga correctamente.

5. Otra actividad que puede hacer es mostrarle varias revistas o dibujos de niños y enseñarle cuál es el pecho de los niños. Después pregunte cuál es el de él. Recuerde elogiarlo cada vez que señale correctamente.

6. Repita varias veces las actividades y gradualmente retire la ayuda y las alabanzas, hasta que por sí mismo identifique y señale cuál es su pecho, por lo menos en ocho de 10 ocasiones seguidas.

172

Objetivo 137

Señalará correctamente su espalda, cuando se le pida, en ocho de 10 ocasiones seguidas.

Material

Un espejo grande, revistas y dibujos de niño.

Actividad y procedimiento

1. Colóquese frente al niño y pregúntele dónde está su espalda. Si el niño la identifica correctamente, alábelo diciéndole: "Muy bien, ésa es tu espalda."

2. Si el niño no la identifica, ayúdelo. Colóquese detrás del niño y enséñele cuál es, diciéndole: "Mira, ésta es tu espalda", al tiempo que toca la espalda del niño. Enséñele también la de usted, diciéndole: "Mira, ésta es la mía", al tiempo que se la toca.

3. Después coloque al niño frente al espejo y pregúntele: "¿Dónde está tu espalda?" Si acierta alábelo, si no, guíe su dedo índice hacia donde está, anímelo a que se la toque y alábelo diciéndole: "Muy bien, esa es tu espalda."

4. Varíe la actividad, frente al espejo pídale que se ponga un chaleco o suéter sobre su espalda diciéndole: "Póntelo sobre tu espalda." Si acierta alábelo, si no, muéstrele cómo, guiando el chaleco o suéter hacia su espalda, ahora dígale: "Póntelo sobre tu espalda", alábelo cada vez que intente hacerlo o lo haga correctamente.

5. Otra actividad que puede hacer es mostrarle varias revistas o dibujos de niños y enseñarle cuál es la espalda de los niños. Después pregúntele cuál es la de él, recuerde elogiarlo cada vez que señale correctamente.

6. Repita varias veces las actividades y retire paulatinamente la ayuda y las alabanzas, hasta que por sí mismo identifique y señale cuál es su espalda, por lo menos en ocho de 10 ocasiones seguidas.

Objetivo 138

El niño señalará correctamente sus hombros cuando se le pida, en ocho de 10 ocasiones seguidas.

Material

Un espejo grande, revistas y dibujos de niños.

Actividades y procedimiento

1. Colóquese frente al niño y pregúntele dónde están sus hombros. Si el niño los identifica correctamente, alábelo diciéndole: "Muy bien, esos son tus hombros."

2. Si el niño no los identifica, ayúdelo. Colóquese frente al niño y enséñele cuáles son, diciéndole: "Mira, estos son tus hombros", al tiempo que toca los hombros del niño. Enséñele también los de usted, diciéndole: "Mira, estos son los míos", al tiempo que se los toca.

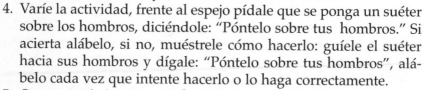

3. Después coloque al niño frente al espejo y pregúntele: "¿Dónde están tus hombros?" Si acierta alábelo, si no, guíe su dedo índice hacia donde están, anímelo a que se los toque y alábelo diciéndole: "Muy bien, esos son tus hombros."

4. Varíe la actividad, frente al espejo pídale que se ponga un suéter sobre los hombros, diciéndole: "Póntelo sobre tus hombros." Si acierta alábelo, si no, muéstrele cómo hacerlo: guíele el suéter hacia sus hombros y dígale: "Póntelo sobre tus hombros", alábelo cada vez que intente hacerlo o lo haga correctamente.

5. Otra actividad que puede hacer es mostrarle varias revistas o dibujos de niños y enseñarle cuáles son los hombros de los niños y después preguntarle cuáles son los de él. Recuerde elogiar cada vez que señale correctamente.

6. Repita varias veces las actividades y retire paulatinamente la ayuda y las alabanzas, hasta que por sí mismo identifique y señale cuáles son sus hombros, por lo menos en ocho de 10 ocasiones seguidas.

 Objetivo 139

El niño señalará correctamente sus piernas, cuando se le pida, en ocho de 10 ocasiones seguidas.

Material

Un espejo grande, revistas y dibujos de niños.

Actividad y procedimiento

1. Colóquese frente al niño y pregúntele dónde están sus piernas. Si el niño las identifica correctamente, alábelo diciéndole: "Muy bien, ésas son tus piernas."
2. Si el niño no las identifica, ayúdelo. Colóquese frente al niño y enséñele cuáles son, diciéndole: "Mira, estas son tus piernas", al tiempo que toca las piernas del niño. Enséñele también las de usted, diciéndole: "Mira, éstas son las mías", al tiempo que se las toca.
3. Después coloque al niño frente al espejo y pregúntele: "¿Dónde están tus piernas?" Si acierta alábelo, si no, guíe su dedo índice hacia donde están, anímelo a que se las toque y alábelo diciéndole: "Muy bien, esas son tus piernas."

4. Varíe la actividad, frente al espejo pídale que se ponga un pantalón, diciéndole: "Póntelo, mete las piernas en él." Si acierta alábelo, si no, muéstrele cómo hacerlo guiando el pantalón hacia sus piernas, dígale: "Póntelo, mete las piernas en él", alábelo cada vez que intente hacerlo o lo haga correctamente.
5. Otra actividad que puede hacer es mostrarle varias revistas o dibujos de niños y enseñarle cuáles son las piernas de los niños. Recuerde felicitarlo cada vez que señale correctamente.
6. Repita varias veces las actividades y retire paulatinamente la ayuda y las alabanzas, hasta que por sí mismo identifique y señale cuáles son sus piernas, por lo menos en ocho de 10 ocasiones seguidas.

Objetivo 140

El niño señalará correctamente sus dedos cuando se le pida, en ocho de 10 ocasiones seguidas.

Material

Un espejo grande, revistas y dibujos de niños.

Actividad y procedimiento

1. Colóquese frente al niño y pregúntele dónde están sus dedos. Si el niño identifica correctamente los dedos de los pies y de las manos, alábelo diciéndole: "Muy bien, esos son tus dedos de los pies y de las manos."

2. Si el niño no identifica los dedos de las manos, ayúdelo. Colóquese frente al niño y enséñele cuáles son, diciéndole: "Mira, estos son tus dedos", al tiempo que toca los dedos de la mano del niño. Enséñele también los de usted, diciéndole: "Mira, éstos son los míos", al tiempo que se los toca.

3. Si el niño no identifica los dedos de los pies ayúdelo. Siéntelo en una silla o sobre la cama, quítele los calcetines y enséñele cuáles son, diciéndole: "Mira, éstos son tus dedos", al tiempo que toca los dedos del pie del niño. Enséñele también los de usted, diciéndole: "Mira, éstos son los míos", al tiempo que se los toca.

4. Después coloque al niño frente al espejo y pregúntele: "¿Dónde están los dedos de tus manos?" Si acierta alábelo, si no, muéstrele dónde están estirándole suavemente sus manos y diciéndole: "Muy bien, esos son los dedos de tus manos, tienes cinco dedos en cada mano", anímelo a contarlos y a tocárselos diciéndole: "Cuenta tus dedos."

5. Nuevamente frente al espejo pregúntele: "¿Dónde están los dedos de tus pies?" Si acierta alábelo, si

no, muéstrele dónde están estirándole suavemente sus pies, diciéndole: "Muy bien, esos son los dedos de tus pies, tienes cinco dedos en cada pie", anímelo a contarlos y a tocárselos entre sí, diciéndole: "Cuenta tus dedos."

6. Otra actividad que puede hacer es mostrarle varias revistas o dibujos de niños y enseñarle cuáles son los dedos de los niños (de la manos y de los pies). Después pregúntele cuáles son los de él, recuerde elogiar cada vez que señale correctamente.

7. Repita varias veces las actividades y retire paulatinamente la ayuda y las alabanzas, hasta que por sí mismo identifique y señale cuáles son sus dedos, por lo menos en ocho de 10 ocasiones seguidas.

Objetivo 141

El niño señalará correctamente sus uñas, cuando se le pida, en ocho de 10 ocasiones seguidas.

Material

177

Un espejo grande, revistas y dibujos de niños.

Actividad y procedimiento

1. Colóquese frente al niño y pregúntele dónde están sus uñas. Si el niño identifica correctamente las uñas de los pies y de las manos, alábelo diciéndole: "Muy bien, esas son las uñas de tus pies y de tus manos."

2. Si el niño no identifica las uñas de las manos, ayúdelo. Colóquese frente al niño y enséñele cuáles son, diciéndole: "Mira, éstas son tus uñas", al tiempo que toca las uñas de las manos del niño. Enséñele también las de usted, diciéndole: "Mira, éstas son las mías", al tiempo que se las toca.

3. Si el niño no identifica las uñas de los pies, ayúdelo. Siéntelo en una silla o sobre la cama, quítele los calcetines y enséñele cuáles son, diciéndole: "Mira, éstas son tus uñas", al tiempo que toca las uñas de los pies del niño. Enséñele también las de usted, diciéndole: "Mira, éstas son las mías", al tiempo que se las toca.

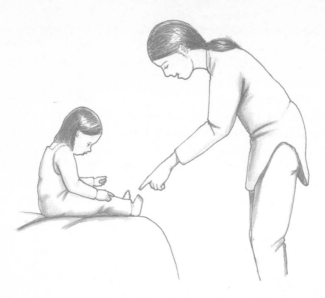

4. Después coloque al niño frente al espejo y pregúntele: "¿Dónde están las uñas de tus manos?" Si acierta alábelo, si no, muéstrele dónde están estirándole suavemente sus manos y diciéndole: "Muy bien, esas son las uñas de tus manos, tienes cinco uñas en cada mano", anímelo a contarlas y a tocárselas, diciéndole: "Cuenta las uñas de tus manos."

5. Nuevamente frente al espejo pregúntele: "¿Dónde están las uñas de tus pies?" Si acierta alábelo, si no, muéstrele dónde están estirándole suavemente sus pies, diciéndole: "Muy bien, esas son la uñas de tus pies, tienes cinco uñas en cada pie", anímelo a contarlas y a tocárselas, diciéndole: "Cuenta las uñas de tus pies."

6. Otra actividad que puede hacer es mostrarle varias revistas o dibujos de niños y enseñarle cuáles son las uñas de los niños (las de las manos y de los pies), y después preguntarle cuáles son las de él. Recuerde elogiarlo cada vez que las señale correctamente.

7. Repita varias veces las actividades y retire paulatinamente la ayuda y las alabanzas, hasta que por sí mismo identifique y señale cuáles son sus uñas, por lo menos en ocho de 10 ocasiones seguidas.

Objetivo 142

El niño señalará correctamente en sí mismo y en los demás ocho partes del cuerpo: pelo, cuello, pecho, espalda, hombros, piernas, dedos y uñas, cuando se le pida, en ocho de 10 ocasiones seguidas.

Material

Un espejo grande, dos o tres pliegos de cartulina, un plumón grueso.

Actividad y procedimiento

1. Colóquese frente al niño y pregúntele:

   a) "¿Dónde está tu pelo?, y ¿dónde está mi pelo?"
   b) "¿Dónde está tu cuello?, y ¿dónde está mi cuello?"
   c) "¿Dónde está tu espalda?, y ¿dónde está mi espalda?"
   d) "¿Dónde están tus hombros?, y ¿dónde están mis hombros?"
   e) "¿Dónde están tus piernas?, y ¿dónde están mis piernas?"
   f) "¿Dónde están tus uñas?, y ¿dónde están mis uñas?"
   g) "¿Dónde están tus dedos?, y ¿dónde están mis dedos?"

   179

   Conforme los identifique, alábelo diciéndole: "Muy bien, esas son tus (mencione la parte de cuerpo que identifique en él)", o bien: "Muy bien, esos son (mencione la parte del cuerpo que identifique en otra persona)."

2. Si el niño no identifica alguna parte del cuerpo, ayúdelo. Junte dos o tres pliegos de cartulina y colóquelas en el piso, pídale al niño que se acueste sobre las cartulinas y marque con un plumón grueso la silueta del niño, una vez que haya terminado, pídale que se levante. Ahora dibujen las partes del cuerpo sobre la cartulina. Pregunte al niño: "¿Dónde va el pelo del niño?", espere a que responda y si lo hace correctamente felicítelo, diciéndole: "Muy bien, aquí le vamos a poner su pelo", al tiempo que dibujan en la cartulina el pelo del niño. Así dibuje cada una de las partes del niño: el cuello, la espalda, los hombros, las piernas, los dedos y las uñas. Después nuevamente pregunte al niño: "¿Dónde está el pelo del muñeco?", alábelo si responde correctamente, continúe preguntando por las demás partes del cuerpo. Si aún presenta errores practique nuevamente la actividad.

3. Varíe la actividad, muéstrele revistas o dibujos de niños o adultos y enséñele cada una de las partes del cuerpo en los dibujos. Después pídale que señale las partes del cuerpo en él y, finalmente, en otras personas. Alábelo cada vez que señale alguna parte del cuerpo correctamente.

4. Repita varias veces las actividades y retire paulatinamente la ayuda y las alabanzas, hasta que señale en sí mismo y en los demás el pelo, el cuello, el pecho, la espalda, los hombros, las piernas, los dedos y las uñas, por lo menos en ocho de 10 ocasiones seguidas.

CATEGORÍA: LENGUAJE EXPRESIVO

Subcategoría: Pronuncia palabras

Objetivo 143

El niño pronunciará su nombre, cuando se le pregunte, en ocho de 10 veces seguidas.

Material

No se requiere material.

Actividad y procedimiento

1. Aproveche cualquier actividad que realice con el niño para preguntarle su nombre. Si el niño responde correctamente alábelo, diciéndole: "Muy bien, tu nombre es (diga el nombre del niño)."

2. Si el niño no responde correctamente, ayúdelo diciéndole: "Tu nombre es (diga el nombre del niño)." Ahora nuevamente pregúntele: "¿Cuál es tu nombre?" y alábelo si responde correctamente. Si aún no lo hace, ayúdelo diciendo las primeras sílabas de su nombre, por ejemplo, si el niño se llama Alberto, dígale "Alber...", y deje que sea el niño quien complete el nombre. Felicítelo si hace algún intento por decirlo o lo dice correctamente; ahora sólo diga la primera sílaba dejando que el

niño termine el nombre. Festeje los intentos que haga el niño por pronunciar su nombre. Ahora pregúntele nuevamente su nombre, pero ya no lo ayude, deje que él solo pronuncie completo su nombre, no olvide felicitarlo cada vez que haga el intento de decir su nombre o lo haga correctamente.

3. Si el niño tiene dos nombres, menciónelos juntos cuando lo llame, para que se acostumbre a escucharlos.

4. Repita varias veces la actividad, puede pedirle a algún miembro de la familia que practique con el niño, hasta que pronuncie su nombre cuando se lo pregunten, por lo menos en ocho de 10 veces seguidas.

 Objetivo 144

El niño pronunciará correctamente palabras con el fonema *m*, en posición inicial, en ocho de 10 palabras seguidas.

Material

Objetos o ilustraciones de objetos cuyo nombre inicie con *m*, un espejo grande de mano y recortes de revistas con personas que tengan los labios muy juntos.

Actividad y procedimiento

1. Aproveche cualquier actividad que realice con el niño para preguntarle: "¿Cómo se llama esto?", al tiempo que le señala un objeto cuyo nombre empiece con la *m* (mesa, mano, etc.), si el niño dice el nombre del objeto pronunciando correctamente la *m*, felicítelo diciéndole: "Muy bien, es una (diga el nombre del objeto prolongando el sonido de la *m*)."

2. Si el niño no pronuncia bien el sonido de la *m*, ya sea porque no la diga o porque la cambie por otra letra, ayúdelo. Colóquense ambos frente a un espejo grande y muéstrele cómo debe colocar sus labios, deben estar juntos para decir el sonido de la *m*, ahora pídale que acomode los labios como los de usted; empiece a producir el sonido de la *m* y pídale que él también lo haga, diciéndole: "Vamos a hacer *m-mm*", si el niño hace el sonido, alábelo y anímelo a que continúe haciéndolo.

3. Colóquese cerca del espejo y podrá observar cómo el espejo se empaña, esto es por el aire caliente que sale de su nariz, por tanto significará que lo está haciendo correctamente. Descansen un poco antes de seguir.

4. Varíe la actividad, preséntele recortes de revistas con personas que tengan los labios muy juntos (en la posición para pronunciar la *m*) y muéstreselos al niño. Ahora pregúntele: "¿Cómo está haciendo?", al tiempo que le muestra el recorte. Alábelo si responde diciendo *m*, si no, muéstrele cómo hacer el sonido.

5. Ahora practique con cada una de las vocales, pidiéndole al niño que

repita los siguientes sonidos: *mmma, mmmo, mmmu, mmme* y *mmmi*, alabe al niño cada vez que haga el sonido correctamente. Prolongue cuanto sea posible el sonido de la *m*, para hacerla resaltar. Descansen cada vez que pronuncien una sílaba, para no fatigar al niño.

6. Después de que el niño pronuncie la *m* con cada vocal, muéstrele nuevamente algún objeto que empiece con la *m*, como una mesa o una mano. Recuerde que puede utilizar ilustraciones o cosas que el niño pueda tocar. Dígale: "¿Cómo se llama esto?", al tiempo que le muestra la ilustración u objeto, si el niño pronuncia correctamente la *m*, alábelo diciéndole: "Muy bien, es una (diga el nombre del objeto)." Si al niño aún se le dificulta pronunciar la *m*, muéstrele nuevamente cómo debe hacerlo. Utilice palabras sencillas como mamá, mono, mesa, mapa, mole, mula, mano, etc., mostrándole los objetos o ilustraciones correspondientes a cada palabra, así el niño practicará y recordará cómo decirlas.

7. Poco a poco utilice palabras más largas, conforme el niño avance y ya no tenga problemas para pronunciar la *m*. Repita varias veces las actividades, descansando un poco entre cada una de ellas. Retire la ayuda que le da al niño hasta que logre pronunciar ocho de 10 palabras seguidas.

183

Observaciones

Si aún después de aplicar los pasos anteriores al niño se le dificulta articular la *m*, revise la bibliografía citada en el presente manual o acuda a una persona especializada en lenguaje, para que le indique qué más puede hacer.

Objetivo 145

El niño pronunciará correctamente palabras con el fonema *b*, en posición inicial, ocho de 10 palabras seguidas.

Material

Objetos o ilustraciones de objetos cuyo nombre inicie con *b* y un espejo grande de mano, recortes de revistas con personas que tengan los labios ligeramente abiertos.

Actividad y procedimiento

1. Aproveche cualquier actividad que realice con el niño para preguntarle: "¿Cómo se llama esto?", al tiempo que señala un objeto que empiece con la *b* (bebe, bota, bote, bata, etc.), si el niño dice el nombre del objeto pronunciando correctamente la *b*, alábelo diciéndole: "Muy bien, es una (diga el nombre del objeto)."

2. Si el niño no pronuncia bien el fonema *b*, ya sea porque no lo diga o porque lo cambie por otro fonema, ayúdelo. Colóquense ambos frente a un espejo grande y muéstrele cómo debe colocar sus labios, deben estar ligeramente separados en la parte del centro, para decir la *b*. Ahora pídale que acomode sus labios como los de usted: empiece a producir el fonema *b* y pídale que él también lo haga, diciéndole: "Vamos a hacer *bbb*" (cuide que sus labios estén en la posición correcta).
Por corto y suave que haga el sonido, alábelo y anímelo a que continúe haciéndolo.

3. Colóquese cerca del espejo y podrá observar que, si lo hace correctamente, no se empaña, pues el aire sale suavemente por el centro, donde sus labios están abiertos.

4. Varíe la actividad, preséntele recortes de revistas con personas que tengan los labios ligeramente abiertos (en la posición para pronunciar la *b*), y pregúntele al niño cómo están haciendo, al tiempo que le muestra el recorte, alábelo si responde correctamente, si no, enséñele cómo hacer el sonido.

5. Ahora practique con cada una de las vocales pidiéndole al niño que repita los siguientes sonidos: *bbba, bbbo, bbbu, bbbe* y *bbbi*. Felicite al niño cada vez que lo haga correctamente. Prolongue cuanto sea posible el fonema *b* y descanse después de decir cada sílaba para no fatigar al niño.

6. Después de que el niño articule el fonema *b* con cada una de las vocales, muéstrele nuevamente algún objeto que empiece con *b*, como una bata o un bote (recuerde que puede utilizar ilustraciones o cosas que el niño pueda tocar) y dígale: "¿Cómo se llama esto?", al tiempo que le muestra la ilustración u objeto. Si el niño pronun-

cia correctamente, felicítelo, diciéndole: "Muy bien, es un (diga el nombre del objeto)." Si al niño aún se le dificulta pronunciar la *b*, muéstrele nuevamente cómo debe hacerlo. Utilice palabras sencillas como: bata, bote, bebé, boda, bala, bola, beso, bono, bota, etc., usando los objetos o las ilustraciones correspondientes en cada palabra, así el niño practicará y recordará cómo decirlas.

7. Paulatinamente enséñele palabras más largas, conforme el niño avance y ya no tenga dificultad para pronunciar la letra *b*. Repita varias veces las actividades, descansando un poco entre cada una de ellas. Retire la ayuda que le da al niño hasta que logre pronunciar ocho de 10 palabras seguidas.

Observaciones

Si aún después de realizar los pasos anteriores al niño se le dificulta articular el fonema *b*, revise la bibliografía citada en el presente manual o acuda a una persona especializada en lenguaje, para que le indique qué más puede hacer.

Objetivo 146

El niño pronunciará correctamente palabras con el fonema *p*, en posición inicial, en ocho de 10 palabras seguidas.

Material

Objetos o ilustraciones de objetos cuyo nombre inicie con la *p*, un espejo grande de mano, trocitos de papel o de algodón, una vela y cerillos.

Actividad y procedimiento

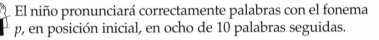

1. Aproveche cualquier actividad que realice con el niño para preguntarle: "¿Cómo se llama esto?", al tiempo que señala un objeto que empiece con *p* (pelo, pan, papa, pera, papá, etc.), si el niño dice el nombre del objeto que se le pidió pronunciando correctamente la *p*, alábelo, diciéndole: "Muy bien, es un (diga el nombre del objeto)."

2. Si el niño no articula bien la *p*, ya sea porque no la diga o porque la cambie por otra letra, ayúdelo. Colóquense ambos frente a un espejo grande y muéstrele cómo debe colocar sus labios, para decir el sonido de la *p*, éstos deben estar juntos y ligeramente fruncidos para que el aire se acumule en la boca y salga en forma explosiva al momento de pronunciar la *p*. Ahora pídale que acomode sus labios como los de usted; empiece a producir el sonido de la *p* y pídale a él que también lo haga, diciéndole: "Vamos a hacer *p*" (cuide que sus labios estén en la posición correcta). Si el niño logra producir el sonido de la *p*, alábelo y anímelo a que continúe haciéndolo.

3. Cuando se pronuncia el fonema *p* los labios se separan ligeramente en su centro. Si es necesario, exagere la posición que deben tener sus labios y pronuncie la *p*, para que el niño observe cómo lo hace usted. Hágale notar cómo sale el aire en forma explosiva colocando el dorso de su mano cerca de sus labios.

4. Varíe la actividad, corte trocitos de papel o de algodón y pronuncie la *p* frente a ellos, de esta manera el niño verá cómo se mueven. También puede hacerlo frente a una vela encendida, así observará cómo se mueve el fuego, los ejercicios sólo deben durar unos minutos, pues cansan mucho. Descanse un poco antes de continuar. Recuerde elogiar al niño cada vez que haga el intento o pronuncie la *p*.

5. Ahora practique con las vocales, pidiéndole al niño que repita los siguientes sonidos: *pa, po, pu, pe* y *pi*. Prolongue cuanto sea posible la posición de los labios para decir la *p*, recuerde elogiarlo cada vez que lo haga correctamente. Descansen cada vez que pronuncien una sílaba para no fatigar al niño.

6. Después de que el niño haya pronunciado la *p* con cada una de las vocales, muéstrele nuevamente algún objeto o la ilustración, cuyo nombre empiece con la *p*, como un pan o una pila, y dígale: "¿Cómo se llama esto?", al tiempo que le muestra la ilustración u objeto. Si el niño pronuncia correctamente la *p*, alábelo, diciéndole: "Muy bien, es un (diga el nombre del objeto)." Si al niño aún se le dificulta pronunciarla, muéstrele nuevamente cómo debe hacerlo. Utilice palabras sencillas, como: pan, papá, pipa, pila, pato, pisa, pesa, palo, pala, pollo, etc.,

usando los objetos o las ilustraciones correspondientes en cada palabra, así el niño practicará y recordará cómo decirlas.

7. Poco a poco utilice palabras más largas conforme el niño avance y no tenga problema al pronunciar la *p*. Repita varias veces las actividades, descansando un poco entre cada una de ellas. Retire la ayuda que le da al niño hasta que logre pronunciar ocho de 10 palabras seguidas.

Observaciones

Si aún después de aplicar los pasos anteriores al niño se le dificulta pronunciar el fonema *p*, revise la bibliografía citada en el presente manual o acuda a una persona especializada en lenguaje, para que le indique qué más puede hacer.

Objetivo 147

El niño pronunciará correctamente palabras con el fonema *y* o *ll* en posición inicial, en ocho de 10 palabras seguidas.

187

Material

Objetos o ilustraciones de objetos cuyo nombre inicie con *y* o *ll*, un espejo grande de mano.

Actividad y procedimiento

1. Aproveche cualquier actividad que realice con el niño para preguntarle: "¿Cómo se llama esto?", al tiempo que señala un objeto que empiece con *y* o *ll* (yema, llave, etc.). Si el niño dice el nombre del objeto pronunciando correctamente el fonema *y* o *ll* felicítelo diciéndole: "Muy bien, es un (diga el nombre del objeto)." Prolongue el sonido de la *y* o *ll* para hacerlo resaltar.
2. Si el niño no articula bien el fonema *y* o *ll*, ya sea porque no lo

diga o porque lo cambie por otro fonema, ayúdelo. Colóquense ambos frente a un espejo grande y muéstrele cómo debe colocar sus labios, para poder producir el sonido de la *y* o *ll*, éstos deben estar entreabiertos, de forma que se puedan ver sus colmillos y dientes, ahora pídale que acomode sus labios como los de usted; empiece a producir el sonido y pídale a él que también lo haga, diciéndole: "Vamos a hacer *yyy*" (cuide que sus labios estén en la posición correcta). Si el niño logra producir el sonido de la *y* o *ll*, alábelo y anímelo a que continúe haciéndolo.

3. Cuando esté enseñando cómo colocar sus labios, exagere la posición que deben tener y pronuncie la *y* o *ll* para que el niño pueda ver cómo lo hace.

4. Ahora practique con las vocales, pídale al niño que repita los siguientes sonidos: *yyya, yyyo, yyyu, yyye* y *yyyi* (o *lla, llo, llu, lle* y *lli*). Prolongue cuanto sea posible el sonido de la *y* o *ll*. Elogie al niño cada vez que lo haga correctamente, descansando cada vez que pronuncie una sílaba para no fatigar al niño.

5. Después de que el niño pronuncie el fonema *y* o *ll* con cada una de las vocales, muéstrele nuevamente algún objeto que empiece con *y* o *ll*, como una llave o un yoyo (recuerde que puede utilizar ilustraciones o cosas que el niño pueda tocar) y dígale: "¿Cómo se llama esto?", al tiempo que le muestra la ilustración u objeto. Si el niño pronuncia correctamente el sonido, alábelo diciéndole: "Muy bien, es un (diga el nombre del objeto)." Si al niño se le dificulta pronunciar *y* o *ll*, muéstrele nuevamente cómo debe hacerlo. Utilice palabras sencillas, como: yeso, yema, yo, yodo, llama, llave, llora, llano, llega, etc., usando los objetos o ilustraciones correspondientes en cada palabra, así el niño practicará y recordará cómo decirlas.

6. Paulatinamente enséñele palabras más largas, conforme el niño avance y ya no tenga problemas para pronunciar la *y* o *ll*. Repita varias veces las actividades, descansando un poco entre cada una de ellas. Retire la ayuda que le da al niño hasta que logre pronunciar ocho de 10 palabras seguidas.

Observaciones

Si aún después de aplicar los pasos anteriores al niño se le dificulta pronunciar el fonema *y* o *ll*, revise la bibliografía citada en el presente manual o acuda a una persona especializada en lenguaje, para que le indique qué más puede hacer.

Objetivo 148

El niño pronunciará correctamente palabras con el fonema *t*, en posición inicial, en ocho de 10 palabras seguidas.

Material

Objetos o ilustraciones de objetos cuyo nombre inicie con la *t*, un espejo grande de mano, una vela y cerillos.

Actividad y procedimiento

1. Aproveche cualquier actividad que realice con el niño para preguntarle: "¿Cómo se llama esto?", al tiempo que señala un objeto que empiece con la letra *t* (tapa, tubo, etc.), si el niño dice el nombre del objeto pronunciando correctamente la *t*, alábelo diciéndole: "Muy bien, es un (diga el nombre del objeto)." Prolongue el sonido de la *t* para resaltarlo.
2. Si el niño no pronuncia bien la *t*, ya sea porque no la diga o porque la cambie por otra letra, ayúdelo. Colóquense ambos frente a un espejo grande y muéstrele al niño cómo debe colocar sus labios para producir el sonido de la *t*, éstos deben estar entreabiertos. Empiece a producir la *t*, pídale que él también lo haga, diciéndole: "Vamos a hacer *t*" (cuide que sus labios y lengua estén en la posición correcta). Si el niño logra producir el fonema *t*, alábelo y anímelo a que continúe haciéndolo.
3. Cuando se pronuncia la *t*, la punta de la lengua debe tocar los dientes de abajo. Si se coloca cerca del espejo al momento de pronunciarla, notará que éste no se empaña, pues el aire sale por la boca y no por la nariz.

4. Varíe la actividad, coloque al niño frente a una vela encendida y pídale que pronuncie la *t*, tratando de que apague la llama cada vez que la pronuncie. Usted debe mover la vela, para encontrar el soplo del niño cuando pronuncia la letra. Este ejercicio no debe durar más de cinco minutos, pues debe evitar el cansancio del niño.

5. Ahora practique con cada una de las vocales, pidiéndole al niño que repita los siguientes sonidos: *ta-ta-ta, to-to-to, tu-tu-tu, te-te-te* y *ti-ti-ti*. Prolongue cuanto sea posible la posición de los labios para producir la *t*, recuerde elogiarlo cada vez que lo haga correctamente. Descansen cada vez que pronuncie una sílaba para no fatigar al niño.

6. Después de que el niño pronuncie la *t*, con cada una de las vocales, muéstrele nuevamente algún objeto que empiece con la *t*, como una tapa o el televisor (recuerde que puede utilizar ilustraciones o cosas que el niño pueda tocar) y dígale: "¿Cómo se llama esto?", al tiempo que le muestra la ilustración u objeto, si el niño pronuncia correctamente la *t*, alábelo diciéndole: "Muy bien es un (diga el nombre del objeto)." Si al niño aún se le dificulta articular la *t*, muéstrele nuevamente cómo debe hacerlo. Utilice palabras sencillas, como: tapa, tope, tela, toro, tina, tuna, taco, taza, toca, etc., usando los objetos o ilustraciones correspondientes en cada palabra, así el niño practicará y recordará cómo decirlas.

7. Paulatinamente enséñele palabras más largas, conforme el niño avance y ya no tenga problemas para pronunciar la *t*. Repita varias veces las actividades, descansando un poco entre cada una de ellas. Retire la ayuda que le da al niño hasta que logre pronunciar ocho de 10 palabras seguidas.

Observaciones

Si aún después de realizar los pasos anteriores al niño se le dificulta pronunciar el fonema *t*, revise la bibliografía citada en el presente manual o acuda a una persona especializada en lenguaje, para que le indique qué más puede hacer.

Objetivo 149

El niño pronunciará correctamente palabras con el fonema *d*, en posición inicial, en ocho de 10 palabras seguidas.

Material

Objetos o ilustraciones de objetos cuyo nombre inicie con la *d*, un espejo grande de mano, recortes de revistas con personas que tengan la posición para pronunciar la *d*.

Actividad y procedimiento

1. Aproveche cualquier actividad que realice con el niño para preguntarle: "¿Cómo se llama esto?", al tiempo que señala un objeto que empiece con la *d* (dado, dedo, etc.). Si el niño dice el nombre del objeto que se le pidió pronunciando correctamente la *d*, alábelo diciéndole: "Muy bien, es un (diga el nombre del objeto)."

2. Si el niño no pronuncia bien la *d*, ya sea porque no la diga o porque la cambie por otra letra, ayúdelo. Colóquense ambos frente a un espejo grande y muéstrele cómo debe poner sus labios y lengua, para producir la *d*; los labios deben estar entreabiertos permitiendo ver los dientes y la punta de la lengua, y ésta debe estar entre los dientes de arriba y los de abajo (como si estuviera mordiendo ligeramente la punta de la lengua). Ahora pídale al niño que acomode sus labios como los de usted, y empiece a producir el sonido de la *d*, pídale que él también lo haga diciéndole: "Vamos a hacer *ddd*" (cuide que sus labios estén en la posición correcta), alábelo y anímelo a que continúe haciéndolo.

3. Cuando se pronuncia la *d*, el aire debe salir por la boca y no por la nariz, usted puede comprobar esto si en el momento que el niño produce el sonido *d* coloca un espejo cerca de su nariz y boca y éste no se empaña.

4. Varíe la actividad, preséntele al niño recortes de revistas con personas que tengan la boca entreabierta, los dientes ligeramente juntos, como si estuvieran mordiendo la punta de la lengua, al tiempo que le pregunta: "¿Cómo están haciendo?" Alábelo si responde correctamente. Si no, muéstrele cómo están haciendo el sonido *d*.

5. Ahora practique con cada una de las vocales, pidiéndole al niño que repita los siguientes sonidos: *ddda, dddo, dddu, ddde* y *dddi*, alabe al niño cada vez que haga el sonido correctamente. Prolongue cuanto sea posible el sonido *d*, para hacerlo resaltar. Descansen cada vez que pronuncian una sílaba para no fatigar al niño.

6. Después de que el niño pronuncie la *d* con cada una de las vocales, muéstrele nuevamente algún objeto que empiece con la *d*, como un dado o un dedo (recuerde que puede utilizar ilustraciones o cosas) y dígale: "¿Cómo se llama esto?", al tiempo que le muestra la ilustración u objeto, alabe al niño si pronuncia correctamente la *d*, diciéndole: "Muy bien, es un (diga el nombre del objeto)." Si al niño aún se le dificulta pronunciar la *d*, muéstrele nuevamente cómo  debe hacerlo. Utilice palabras sencillas, como: dama, dedo, dona, dame, dos, etc., usando los objetos o ilustraciones correspondientes en cada palabra, así el niño practicará y recordará cómo decirlas.

7. Poco a poco enséñele palabras más largas, conforme el niño avance y ya no tenga problemas para pronunciar la *d*. Repita varias veces las actividades, descansando un poco entre cada una de ellas. Retire la ayuda que da al niño hasta que logre pronunciar ocho de 10 palabras seguidas.

Observaciones

Si aún después de realizar los pasos anteriores al niño se le dificulta pronunciar la *d*, revise la bibliografía citada en el presente manual o acuda a una persona especializada en lenguaje, para que le indique qué más puede hacer.

Objetivo 150

El niño pronunciará correctamente palabras con el fonema *n*, en posición inicial, en ocho de 10 palabras seguidas.

Material

Objetos o ilustraciones de objetos cuyo nombre inicie con la *n*, un espejo grande de mano.

Actividad y procedimiento

1. Aproveche cualquier actividad que realice con el niño para preguntarle: "¿Cómo se llama esto?", al tiempo que señala un objeto que empiece con la *n* (nudo, nena, etc.). Si el niño dice el nombre del objeto pronunciando correctamente la *n*, alábelo diciéndole: "Muy bien, es un (diga el nombre del objeto)."

2. Si el niño no pronuncia bien la *n*, ya sea porque no la diga o porque la cambie por otra letra, ayúdelo. Colóquense ambos frente a un espejo grande y muéstrele cómo debe poner sus labios y lengua, para articular el fonema *n*; los labios deben estar entreabiertos, permitiendo ver los dientes de abajo y la parte de abajo de la lengua, la lengua debe estar apoyada en las muelas de arriba (tocando la parte de atrás de las encías). Ahora pídale al niño que acomode sus labios como los de usted, y empiece a producir el sonido de la *n*, diciéndole: "Vamos a hacer *nnn*" (cuide que sus labios estén en la posición correcta), alábelo y anímelo a que continúe haciéndolo.

193

3. Cuando se pronuncia la *n*, el aire debe salir por la nariz y no por la boca, usted puede comprobar esto si en el momento en que el niño produce el sonido *n* coloca el espejo cerca de su nariz y boca, el espejo se empañará.

4. Ahora practique con cada una de las vocales, pidiéndole al niño que repita los siguientes sonidos: *nnna, nnno, nnnu, nnne* y *nnni*, felicite al niño cada vez que haga el sonido correctamente. Prolongue cuanto sea posible el sonido *n*, para resaltarlo. Descansen cada vez que pronuncien una sílaba para no fatigar al niño.

5. Después de que el niño haya pronunciado el sonido de la *n* con cada una de las vocales, muéstrele nuevamente algún objeto que

empiece con la letra *n*, como: una nuez o una nave (recuerde que puede utilizar ilustraciones o cosas que el niño pueda tocar) y dígale: "¿Cómo se llama esto?", al tiempo que le muestra la ilustración u objeto. Alabe al niño si pronuncia correctamente la *n*, diciéndole: "Muy bien, es un (diga el nombre del objeto)." Si al niño aún se le dificulta pronunciar la *n*, muéstrele nuevamente cómo debe hacerlo. Utilice palabras más sencillas, como: nave, nata, nena, nuez, nudo, niña, niño, etc., usando los objetos o ilustraciones correspondientes en cada palabra, así el niño practicará y recordará cómo decirlas.

6. Poco a poco utilice palabras más largas, conforme el niño avance y no tenga problema para pronunciar la *n*. Repita varias veces las actividades, descansando un poco entre cada una de ellas. Retire la ayuda que se le da al niño, hasta que logre pronunciar ocho de 10 palabras seguidas.

Observaciones

Si aún después de aplicar los pasos anteriores al niño se le dificulta pronunciar el fonema *n*, revise la bibliografía citada en el presente manual o acuda a una persona especializada en lenguaje, para que le indique qué más puede hacer.

194

Objetivo 151

El niño pronunciará palabras con el fonema *k*, en posición inicial, en ocho de 10 palabras seguidas.

Material

Objetos o ilustraciones de objetos cuyo nombre inicie con las letras *k, c* o *q*, un espejo grande de mano, trocitos de papel o algodón, una vela y cerillos.

Actividad y procedimiento

1. Aproveche cualquier actividad que realice con el niño para preguntarle: "¿Cómo se llama esto?", al tiempo que señala un objeto que empiece con *k, c* o *q* (queso, casa, cama, etc.). Si el niño dice el nombre del objeto que se le pidió pronunciando correctamente el fonema *k* alábelo diciéndole: "Muy bien, es un (diciéndole el nombre del objeto)."

2. Si el niño no pronuncia bien el fonema *k* ya sea porque no lo diga o porque lo cambie por otro fonema, ayúdelo. Colóquense ambos frente a un espejo grande y muéstrele cómo debe poner sus labios y lengua, para producir el fonema *k* los labios deben estar separados, permitiendo observar los dientes y la lengua; la punta de la lengua se coloca detrás de los dientes de abajo, tocando las encías, y la parte de atrás de la lengua se apoya en el paladar.  Ahora pídale que acomode sus labios y lengua como los de usted, empiece a producir el fonema *k* y pídale que también él lo haga, diciéndole: "Vamos a hacer *kkk*" (cuide que sus labios y lengua estén en la posición correcta). Cuando lo diga, alábelo y anímelo a que continúe haciéndolo.

3. Cuando pronuncia el fonema *k* el aire debe salir por la boca y no por la nariz. Hágale notar al niño cómo sale el aire en forma explosiva, colocando el dorso de su mano cerca de su labios, para que pueda sentirlo.

4. Varíe un poco la actividad, corte trocitos de papel o de algodón y pronuncie el fonema *k* frente a ellos, de esta manera verá cómo se mueven, también puede hacerlo frente a una vela encendida, y observará cómo se mueve el fuego. Los ejercicios sólo deben durar unos minutos, pues cansan mucho. Recuerde elogiar al niño cada vez que haga el intento o pronuncie el fonema *k*.

5. Ahora practique con las vocales, pidiéndole al niño que repita los siguientes sonidos: *ca, ca, ca* (o *ka, ka, ka*), *co, co, co* (o *ko, ko, ko*), *cu, cu, cu* (o *ku, ku, ku*), o *ke, ke, ke* (o *que, que, que*) y *ki, ki, ki* (o *qui, qui, qui*). Prolongue cuanto sea posible la posición de los labios para decir el sonido *k*, recuerde elogiarlo cada vez que lo

haga correctamente. Descansen cada vez que pronuncien una sílaba para no fatigar al niño.

6. Después que el niño pronuncie el fonema *k* con cada una de las vocales, muéstrele nuevamente algún objeto que empiece con *c*, *k*, o *q*, como una copa o una cama (recuerde que puede utilizar ilustraciones o cosas que el niño pueda tocar) y dígale: "¿Cómo se llama esto?", al tiempo que le muestra la ilustración u objeto. Si el niño pronuncia correctamente el sonido, alábelo diciéndole: "Muy bien, es un (diga el nombre del objeto)." Si al niño aún se le dificulta pronunciar la *c*, *k*, o *q*, muéstrele nuevamente cómo debe hacerlo. Utilice palabras sencillas, como: cama, coma, coco, codo, copa, queso, quinto, kilo, etc., usando los objetos o ilustraciones correspondientes en cada palabra, así el niño practicará y recordará cómo decirlas.

7. Paulatinamente enséñele palabras más largas, conforme el niño avance y ya no tenga problema para pronunciar la *c*, *k*, o *q*. Repita varias veces las actividades, descansando un poco entre cada una de ellas. Retire la ayuda que da al niño hasta que logre pronunciar ocho de 10 palabras seguidas.

196

Observaciones

Si aún después de realizar los pasos anteriores al niño se le dificulta pronunciar la *c*, *k*, *q*, revise la bibliografía citada en el presente manual o acuda a una persona especializada en lenguaje, para que le indique qué más puede hacer.

Objetivo 152

El niño pronunciará correctamente palabras con el fonema *g*, en posición inicial, en ocho de 10 veces seguidas.

Material

Objetos o ilustraciones de objetos cuyo nombre inicie con la *g* y un espejo grande.

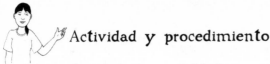

Actividad y procedimiento

1. Aproveche cualquier actividad que realice con el niño para preguntarle: "¿Cómo se llama esto?", al tiempo que señala un objeto que empiece con la *g* (gato, goma, etc.). Si el niño dice el nombre del objeto pronunciando correctamente la *g*, alábelo diciéndole: "Muy bien, es un (diga el nombre del objeto)."

2. Si el niño no pronuncia bien la *g*, ya sea porque no la diga o porque la cambie por otro fonema, ayúdelo. Colóquense ambos frente a un espejo grande y muéstrele cómo debe poner sus labios y lengua, para producir el sonido de la *g*; los labios deben estar separados (permitiendo observar los dientes) y la punta de la lengua se coloca detrás de los dientes de abajo (tocando la parte de abajo de las encías), la parte de atrás de la lengua toca la parte de atrás del paladar (quedando un hueco en el centro por donde pasará el aire). Ahora pídale al niño que acomode sus labios y lengua como los de usted, y empiece a producir el sonido de la *g* y pídale que él también lo haga, diciéndole: "Vamos a hacer *ggg*", cuide que sus labios estén en la posición correcta para poder producir el sonido de la *g*. Cuando él lo diga, alábelo y anímelo a que continúe haciéndolo.

197

3. Cuando se pronuncia la *g*, el aire debe salir por la boca y no por la nariz, hágale notar al niño cómo sale el aire, colocando el dorso de su mano cerca de sus labios, para que pueda sentirlo.

4. Ahora practique con cada una de las vocales, pidiéndole al niño que repita los siguientes sonidos: *ggga, gggo, gggu, gggue, gggui*, alabe al niño cada vez que haga el sonido correctamente. Prolongue cuanto sea posible el sonido *g*, para hacerla resaltar. Descansen cada vez que pronuncian una sílaba para no fatigar al niño.

5. Después que el niño haya pronunciado el sonido de la *g*, con cada una de las vocales, muéstrele nuevamente algún objeto que empiece con *g*, como una gorra o un gato (recuerde que puede utilizar ilustraciones o cosas que el niño puede tocar) y dígale: "¿Cómo se llama esto?", al tiempo que le muestra la ilustración u objeto, alabe al niño si pronuncia correc-

tamente el sonido de la *g*, diciéndole: "Muy bien, es un (diga el nombre del objeto)." Si al niño aún se le dificulta pronunciar la *g*, muéstrele nuevamente cómo debe hacerlo. Utilice palabras sencillas, como: gato, gasa, gota, gorro, gajo, goma, gis, gol, etc., usando los objetos o ilustraciones correspondientes en cada palabra, así el niño practicará y recordará cómo decirlas.

6. Poco a poco utilice palabras más largas, conforme el niño avance y ya no le cause problema el pronunciar la *g*. Repita varias veces las actividades, descansando un poco entre cada una de ellas. Retire la ayuda que se da al niño, hasta que logre pronunciar ocho de 10 palabras seguidas.

Observaciones

Si aún después de realizar los pasos anteriores al niño se le dificulta pronunciar el fonema *g*, revise la bibliografía citada en el presente manual o acuda a una persona especializada en lenguaje, para que le indique qué más puede hacer.

198

Objetivo 153

El niño pronunciará correctamente palabras con el fonema *f*, en posición inicial, en ocho de 10 palabras seguidas.

Material

Objetos o ilustraciones de objetos cuyo nombre inicie con la *f* y un espejo grande.

Actividad y procedimiento

1. Aproveche cualquier actividad que realice con el niño para preguntarle: "¿Cómo se llama esto?", al tiempo que señala un objeto que empiece con la *f* (foco, foca, etc.). Si el niño dice el nom-

bre del objeto pronunciando correctamente la *f*, alábelo diciéndole: "Muy bien, es un (diga el nombre del objeto)."

2. Si el niño no pronuncia bien la *f*, ya sea porque no la diga o porque la cambie por otro fonema, ayúdelo. Colóquense ambos frente a un espejo grande y muéstrele cómo debe poner sus labios y lengua, para producir el sonido de la *f*; el labio de abajo tocando ligeramente los dientes de arriba (como si estuviera mordiendo el labio), los dientes de arriba se pueden ver, ahora pídale que acomode sus labios y lengua como los de usted, y empiece a producir el sonido de la *f* y pídale que él también lo haga, diciéndole: "Vamos a hacer *fff*" (cuide que sus labios  estén en la posición correcta). Cuando produzca el sonido, felicítelo y anímelo a que continúe haciéndolo.

3. Cuando se pronuncia la *f*, el aire debe salir entre los dientes y no por la nariz, hágale notar al niño cómo sale el aire, colocando el dorso de su mano cerca de su boca, para que pueda sentirla.

4. Ahora practique con cada una de las vocales, pidiéndole al niño que repita los siguientes sonidos: *fffa, fffo, fffu, fffe* y *fffi*, alabe al niño cada vez que haga el sonido correctamente. Prolongue cuanto sea posible el sonido *f* para resaltarlo. Descansen cada vez que pronuncien una sílaba para no fatigar al niño.

5. Después de que el niño pronuncie la *f* con cada una de las vocales, muéstrele nuevamente algún objeto que empiece con la *f*, como un foco o un faro (recuerde que puede utilizar ilustraciones o cosas que el niño puede tocar) y dígale: "¿Cómo se llama esto?", al tiempo que le muestra la ilustración u objeto, alabe al niño si articula correctamente el fonema *f*, diciéndole: "Muy bien, es un (diga el nombre del objeto)." Si al niño aún se le dificulta pronunciar la *f* muéstrele nuevamente cómo debe hacerlo. Utilice palabras sencillas, como: fuma, filo, faro, ficha, fecha, foco, foca, faja, etc., usando los objetos o ilustraciones correspondientes en cada palabra, así el niño practicará y recordará cómo decirlas.

199

6. Paulatinamente enséñele palabras más largas, conforme el niño avance y ya no tenga problema para pronunciar la *f*. Repita varias veces las actividades, descansando un poco entre cada una de ellas. Retire la ayuda que se da al niño, hasta que logre pronunciar ocho de 10 palabras seguidas.

Observaciones

Si aún después de realizar los pasos anteriores al niño se le dificulta pronunciar el fonema *f*, revise la bibliografía citada en el presente manual o acuda a una persona especializada en lenguaje, para que le indique qué más puede hacer.

Objetivo 154

El niño utilizará correctamente el pronombre *yo*, por lo menos cinco veces durante el día.

200

Material

Una foto reciente del niño y un espejo grande.

Actividad y procedimiento

1. Aproveche cualquier actividad que realice con el niño para observar si utiliza apropiadamente el pronombre *yo*, por ejemplo, cuando el niño realice alguna actividad como recoger su ropa, tomar leche, jugar con la pelota, etc., aproveche para preguntarle al niño: "¿Quién (diga la actividad)?", si el niño responde apropiadamente *yo*, alábelo diciéndole: "Eso es, se dice yo."
2. Si el niño no utiliza adecuadamente el pronombre *yo*, ayúdelo. Coloque al niño frente a un espejo y pregúntele: "¿Quién es ese niño que está frente al espejo?", anímelo a responder diciéndole *yyyooo* (despacio y claramente), pídale al niño que diga *yo*, si el niño intenta decirlo, alábelo y anímelo a que continúe haciéndolo.

3. Enseguida muéstrele una fotografía de él y pregúntele: "¿Quién es este niño?", si él intenta decir *yo*, alábelo, diciéndole: "Muy bien, se dice yo."

4. Otra forma de animar al niño a decir *yo* es dibujar a un niño en una hoja blanca, con los rasgos parecidos a los del niño: su pelo (lacio o chino, largo o corto), sus ojos (grandes o chicos y el color de éstos), su nariz y su boca, de tal forma que el niño se identifique con este dibujo. Al preguntarle: "¿Quién es ese niño?", si responde *yo*, alábelo diciéndole: "Muy bien, sí eres tú."

5. Paulatinamente retire la ayuda que le da al niño, hasta que logre utilizar adecuadamente el pronombre *yo* cuando se refiera a él, por lo menos cinco veces durante el día.

201

Objetivo 155

El niño utilizará correctamente el pronombre *tú*, por lo menos cinco veces durante el día.

Material

No se requiere material.

Actividad y procedimiento

1. Aproveche cualquier actividad que realice con el niño para preguntarle: "¿Quién es tu mamá?", si el niño responde correctamente *tú*, alábelo diciéndole: "Muy bien, yo soy tu mamá."

2. Si el niño no utiliza adecuadamente el pronombre *tú*, ayúdelo. Pida a uno de sus hermanos o primos (o alguna persona conoci-

da) que le diga: "Yo soy (diga su nombre)", enseguida preguntará: "¿Quién se llama (mencione el nombre)?", si el niño responde correctamente diciéndole *tú*, alábenlo, diciéndole: "Muy bien, ella es (mencione el nombre de la persona)". Si el niño no responde correctamente, intégrese con ellos y pídale a su familiar que pregunte de nuevo: "¿Quién es?", espere a que el niño responda, si lo hace correctamente, alábelo, si no lo hace, dígale usted en voz baja y cerca del oído *tuuu*, anímelo para que diga a su familiar *tú*, si intenta decirlo, alábelo y anímelo a que continúe haciéndolo, ahora con otras personas.

3. Varíe la actividad, siente a los niños formando un círculo y pídale a cada uno que vaya diciéndole: "Yo soy (y digan su nombre)", y "tú eres (digan el nombre de la persona de junto)", al tiempo que se dirige a la persona que está a la derecha. Continúe así con todos hasta que lleguen al niño, sólo observe que lo haga bien, si se equivoca, corríjalo.

4. Observe si el niño en su plática o juego con otras personas usa adecuadamente el pronombre *tú* al dirigirse a ellas, si es así alábelo, diciéndole: "Muy bien, es…" Si no, ayúdelo corrigiéndolo a que lo use en forma adecuada, paulatinamente retire la ayuda que le da, hasta que logre utilizar adecuadamente el pronombre *tú*, por lo menos cinco veces durante el día.

202

Objetivo 156

El niño utilizará correctamente el pronombre *él*, por lo menos cinco veces durante el día.

Material

No se requiere material.

Actividad y procedimiento

1. Aproveche cualquier actividad que realice con el niño y que el papá esté presente (o algún otro familiar), para preguntarle: "¿Quién es tu papá?", si el niño responde correctamente *él*, alábelo diciéndole: "Muy bien, es él."

2. Si el niño no utiliza adecuadamente el pronombre *él*, ayúdelo. Pida a algún familiar que le diga: "Él es papá", enseguida pregúntele: "¿Quién es tu papá?", si el niño responde correctamente, alábenlo, diciéndole: "Muy bien, él es tu papá." Si no lo hace correctamente, pídale al familiar que pregunte nuevamente: "¿Quién es tu papá?", espere a que el niño responda, si lo hace bien alábelo, si no, acérquese al niño y dígale en voz baja y cerca del oído *eeellll*, anímelo para que responda *él*, si lo dice o intenta decirlo, alábelo y anímelo a que continúe haciéndolo ahora con diferentes personas.

3. Varíe la actividad, siente a los niños (o familiares) formando un círculo y pídales que cada uno vaya diciéndole: "Yo soy (digan su nombre)", y "él es (diga el nombre de la persona que está a la derecha)". Continúe así con todos, hasta que lleguen al niño, sólo observe que lo haga bien y corríjalo si se equivoca.

4. Observe si el niño en su plática o juego con otras personas usa adecuadamente el pronombre *él* al dirigirse a otras personas, si es así alábelo diciéndole: "Muy

bien, es él." Si no, ayúdelo mostrando nuevamente cómo debe hacerlo para que lo use en forma adecuada. Paulatinamente retire la ayuda que le da, hasta que logre utilizar correctamente el pronombre *él*, por lo menos cinco veces durante el día.

Objetivo 157

El niño utilizará frases de tres palabras, en ocho de 10 frases seguidas.

Material

Objetos y juguetes del niño.

Actividad y procedimiento

204

1. Aproveche cualquier actividad que realice con el niño para observar si en su lenguaje utiliza frases de tres palabras, como: dame más pan, quiero más sopa, dame mi leche, etc. Alábelo si las utiliza diciéndole: "Muy bien, ahora te doy (complete la frase, según lo que el niño haya expresado)."

2. Si el niño no utiliza frases de tres palabras, ayúdelo. Aproveche cualquier situación para repetir con el niño lo que desea, por ejemplo, si el niño quiere *pan*, dígale: "Quiero más pan" y anímelo a que repita junto con usted: "quiero" (espere a que el niño lo repita) "más" (espere a que el niño lo repita) "pan" (espere a que repita). Ahora repitan juntos: "Quiero mm..." (espere a que el niño complete la palabra), "p..." (espere a que el niño complete la palabra). Deje que el niño sea quien repita la mayor parte de la frase, usted sólo déle pe-

queñas ayudas, pronuncie la primera letra de cada palabra si es que el niño no se anima a continuar la frase. Cada vez que el niño haga el intento por completar la frase, alábelo, diciéndole: "Muy bien, ahora te doy (complete la frase)", y déle el objeto o lo que él desea que le dé.

3. De esta misma forma puede continuar trabajando con el niño en todas sus frases y expresiones, anímelo a que una sus palabras sueltas en frases cortas, para que las practique y recuerde.

4. Pida a sus familiares que hagan el mismo procedimiento cuando el niño se dirija hacia ellos, para ayudarlos a utilizar frases de por lo menos tres palabras.

5. Observe si el niño en su plática o juegos con otras personas utiliza frases de tres palabras o más adecuadamente. Si es así felicítelo, si no es así, ayúdelo mostrándole nuevamente cómo debe hacerlo. Paulatinamente retire la ayuda que le da, hasta que logre utilizar por sí mismo frases de tres palabras, por lo menos en ocho de 10 frases seguidas.

Objetivo 158

El niño nombrará e identificará de cuatro a cinco objetos comunes cuando se los muestren, de ocho a 10 seguidos.

Material

10 objetos conocidos por el niño.

Actividad y procedimiento

1. Aproveche cualquier actividad que realice con el niño para preguntarle: "¿Qué es esto?", al tiempo que le muestra un objeto conocido (como mesa, silla, taza, etc.). Cada vez que el niño nombre e identifique un objeto, festéjelo, diciéndole: "Muy bien, es un (diga el nombre del objeto)", hasta que él identifique y nombre por lo menos cinco objetos comunes.

2. Si el niño no identifica, ni nombra los objetos que le muestran, ayúdelo. Seleccione 10 objetos que conozca el niño y muéstrese-

los uno a uno diciéndole: "Este es un (diga el nombre)", repítalo despacio y claramente y pídale al niño que lo repita junto con usted. Cuando haya logrado repetirlo con usted muéstrele otro y siga el mismo procedimiento que el anterior, continúe así hasta que le haya mostrado los 10 objetos. Felicite al niño cada vez que repita junto con usted el nombre del objeto.

3. Procure que los objetos que le muestre al niño sean los que más llamen su atención.

4. Una vez que le ha mostrado al niño los 10 objetos, pregúntele: "¿Cómo se llama esto?" Si el niño intenta decir el nombre del objeto que le muestra, alábelo y anímelo a terminar de decirlo; si el niño se queda callado o se equivoca al decir el nombre, ayúdelo: diga la primera sílaba de la palabra, por ejemplo: "Es una me… (deje que el niño complete la palabra mesa)", si el niño completa la palabra, alábelo diciéndole: "Muy bien, es un (diga el nombre del objeto)." Continúe preguntando por los demás objetos, ayudándolo cada vez que logre identificar o nombrar algún objeto.

206

5. Paulatinamente retire la ayuda que le da al niño, hasta que logre nombrar e identificar por lo menos cuatro o cinco objetos comunes, de los 10 que le presenta.

Objetivo 159

El niño responderá correctamente a la pregunta *¿cuántos años tienes?*, en tres de cinco ocasiones seguidas.

Material

Fotografías del niño cuando era más pequeño, un espejo grande de mano.

Actividad y procedimiento

1. Aproveche cualquier actividad que esté realizando con el niño para preguntarle: "¿Cuántos años tienes?", si el niño responde correctamente felicítelo, diciéndole: "Muy bien, tienes (diga los años que tiene)."

2. Si el niño no responde verbalmente a la pregunta, ayúdelo. Colóquese frente al niño y dígale: "Tú tienes (dígale su edad)", al tiempo que le indica con sus dedos los años que tiene. Continúe sosteniéndole su mano con la indicación de los años que tiene y nuevamente pregunte: "¿Cuántos años tienes?", espere su respuesta, si ésta es la correcta, felicítelo. Si aún continúa sin responder o se equivoca en su respuesta, ayúdelo mostrándole nuevamente cuántos años tiene, cualquier intento que haga por responder, alábelo y anímelo a que continúe haciéndolo.

3. Varíe la actividad, muéstrele al niño fotografías de cuando era más pequeño y dígale: "Mira, aquí tenías un año", continúe enseñándole otras fotografías, de cuando tenía dos o más años, según la edad que ya tenga el niño, hasta que llegue a la edad actual del niño. Ahora puede mostrarle una foto reciente o colocarlo frente a un espejo para decirle: "Mira, ahora tienes…"

4. También puede pedirle a algunos niños de la misma edad del niño que se pregunten entre sí cuántos años tienen, para que el niño observe cómo responden correctamente y trate de copiar su respuesta al llegar al niño cuando le pregunten *¿cuántos años tienes?* Alábelo si responde correctamente, si no, pídale a los otros niños que le muestren cómo debe decirlo.

5. Retire la ayuda que le da al niño paulatinamente, hasta que por sí mismo logre contestar correctamente cuántos años tiene, por lo menos en tres de cinco ocasiones seguidas.

Objetivo 160

El niño responderá correctamente a la pregunta *¿eres niño o niña?*, en tres de cinco ocasiones seguidas.

Material

Dibujos de un niño o una niña, muñecos para recortar y vestir.

Actividad y procedimiento

1. Aproveche cualquier actividad que esté realizando con el niño para preguntarle: "¿Eres niño o niña?" Si el niño responde correctamente festéjelo diciéndole: "Muy bien, eres (complete la frase según corresponda)."

2. Si el niño no responde correctamente a la pregunta, ayúdelo. Muéstrele los dibujos (o recortes de revistas) de un niño y de una niña, y explíquele: "Mira, éste es un niño, los niños usan pantalón y camisa, etc." Enseguida también platíquele sobre la niña diciéndole: "Mira, esta es una niña, las niñas usan vestidos, aretes, collares, pulseras, moños, etc." Después pregúntele nuevamente al niño: "¿Eres niño o niña?", alábelo si contesta correctamente, si no es así, nuevamente explíquele que él es niño porque… o que ella es niña porque… (déle la explicación adecuada según su sexo).

3. Varíe la actividad, compre algunos muñecos para recortar y vestir o improvíselos con algunas revistas donde vengan niños. Recorte los muñecos, y juegue con él a vestirlos y a cambiarlos de ropa, al tiempo que le dice: "Esta es una niña y vamos a ponerle…" o "este es un niño y vamos a ponerle…"

4. También puede aprovechar los momentos en que el niño se esté vistiendo para decirle: "Te estás poniendo... (decir el nombre de la prenda)", "Tú eres un... (decir niño o niña)". Enseguida pregúntele: "¿Eres niño o niña?", alábelo si contesta correctamente. Si aún sigue confundiéndose, déle nuevamente las explicaciones que corresponden a cada uno de los sexos.

5. Retire la ayuda que le da al niño, hasta que por sí mismo logre contestar correctamente a la pregunta *¿eres niño o niña?*, por lo menos en tres de cinco ocasiones seguidas.

Objetivo 161

El niño responderá correctamente a la pregunta *¿qué quieres?*, en tres de cinco ocasiones seguidas.

Material

Objetos y juguetes del niño.

209

Actividad y procedimiento

1. Aproveche la ocasión en que el niño busque algo, o cuando entren en una tienda para preguntarle: "¿Qué quieres?" Si el niño responde adecuadamente a la pregunta que se le realizó, felicítelo diciéndole: "Muy bien, está aquí" o "Vamos a ver si hay", según a lo que se refiera la pregunta.

2. Si el niño no responde adecuadamente a la pregunta, ayúdelo. Coloque sobre una mesa o en el piso varios juguetes que más llamen la atención del niño y enseguida pregunte: "¿Qué quieres?" Si el niño responde verbalmente, alábelo diciéndole: "Muy bien, toma el (diga el nombre de lo que quiere)." Si el niño no responde o sólo señala lo que desea, dígale: "Eso se llama (diga el nombre)." Ahora pregúntele nuevamente: "¿Qué quieres?", si responde correctamente o intenta hacerlo, alábelo y anímelo a que continúe respondiendo a la pregunta.

3. Varíe la actividad, siguiendo el procedimiento anterior; ahora, cuando el niño la acompañe a la tienda o usted le vaya a comprar algo, pregúntele qué quiere, alábelo si responde verbalmente, si no es así, dígale cómo se llama lo que quiere y anímelo a que él mismo lo pida.

4. Hágale la pregunta cuando note que el niño está en busca de algo o alguien, si el niño responde correctamente felicítelo, si no, ayúdelo a decir qué es lo que quiere.
5. Aproveche cualquier ocasión adecuada para hacerle la pregunta al niño. Su respuesta siempre tiene que corresponder a lo que se está refiriendo en ese momento.
6. Retire paulatinamente la ayuda que le proporciona al niño, hasta que él responda correctamente la pregunta *¿qué quieres?*, por lo menos en tres de cinco ocasiones seguidas.

Objetivo 162

El niño responderá correctamente a la pregunta *¿a dónde vas?*, cuando se aleje del lugar donde estaba, en tres de cinco ocasiones seguidas.

Material

No se requiere material.

Actividad y procedimiento

1. Cuando se encuentre en compañía del niño y él se aleje del lugar donde están, pregúntele: "¿A dónde vas?" Si el niño responde adecuadamente festéjelo, diciéndole: "Muy bien", "ve con cuidado", "no te tardes", etc. (según las recomendaciones que deba o quiera dar).

2. Si el niño no responde verbalmente a la pregunta o lo hace pero se equivoca, ayúdelo. Acérquese a él y pregúntele: "¿A dónde vas?", si el niño sólo señala el lugar hacia donde va, dígale: "Allí es (diga el nombre del lugar)." Ahora pregunte nuevamente: "¿A dónde vas?", alábelo si responde correctamente o si intenta nombrar el lugar hacia donde se dirige. Anímelo a que continúe respondiendo ante la pregunta ¿A dónde vas?

3. Cuando felicite al niño por haberle dicho a dónde se dirige, procure darle siempre algún tipo de recomendación, por ejemplo, no te tardes, ten cuidado, te portas bien, etc. Si usted considera que no puede ir al lugar hacia donde el niño quiere ir, ya sea porque es de noche, porque tenga que cruzar alguna calle o porque represente algún peligro para el niño, siempre déle una explicación por la cual no debe ir a ese lugar.

4. Observe si el niño responde correctamente a la pregunta ¿a dónde vas? a otras personas. Alábelo si es así, si no, enséñeles el procedimiento para que el niño responda adecuadamente y pídales que también le den las recomendaciones o explicaciones necesarias para ir o no al lugar que desea.

5. Paulatinamente retiren la ayuda que le dan al niño, hasta que él responda correctamente a la pregunta ¿a dónde vas?, cuando vaya hacia algún lugar, por lo menos en tres de cinco ocasiones seguidas.

Objetivo 163

El niño responderá correctamente a la pregunta *¿qué haces?*, cuando esté realizando alguna actividad, en tres de cinco ocasiones seguidas.

Material

Objetos y juguetes del niño.

Actividad y procedimiento

1. Cuando el niño se encuentre realizando alguna actividad aproveche la ocasión para preguntarle: "¿Qué haces?" Si el niño responde correctamente, alábelo diciéndole: "Muy bien, estás (diga la actividad que está realizando)."

2. Si el niño no responde a la pregunta o lo hace equivocadamente, ayúdelo. Acérquese a él y participe un poco en la actividad que está haciendo, por ejemplo, si está viendo la televisión, siéntese junto a él un momento y pregúntele: "¿Qué haces?", si el niño sólo señala la televisión, pero no dice qué está haciendo, dígale: "Ves caricaturas." Ahora pregúntele nuevamente: "¿Qué haces?", alábelo si intenta o responde correctamente, anímelo a que continúe respondiendo diciéndole: "Muy bien, estás (diga lo que está haciendo)."

3. Varíe las ocasiones en que realice las preguntas, puede aprovechar cuando está jugando, cuando se está bañando o está comiendo, así el niño tendrá la oportunidad de responder en distintas situaciones y practicará cómo decirlas.

4. Pida a sus familiares que realicen la pregunta al niño cuando esté realizando alguna actividad y que lo alaben cuando les responda correctamente. Si no responde adecuadamente, enséñeles cómo ayudarlo, para que el niño les diga qué está haciendo.

5. Retire gradualmente la ayuda que le da al niño, hasta que él responda correctamente a la pregunta *¿qué haces?*, cuando esté realizando alguna actividad, por lo menos en tres de cinco ocasiones seguidas.

Objetivo 164

El niño responderá a la pregunta *¿qué te duele?*, cuando se queje de algún dolor, en tres de cinco ocasiones seguidas.

Material

No se requiere material.

213

Actividad y procedimiento

1. Cuando el niño se queje de algún dolor pregúntele: "¿Qué te duele?" Si el niño responde y se toca alguna parte de su cuerpo, tranquilícelo y actúe según sea el caso.

2. Si el niño no le dice qué le duele, ayúdelo. Según la causa del dolor, trate de investigar qué es lo que le duele, vaya preguntándole por la parte del cuerpo que se toque, por ejemplo, si se toca el abdomen, tóquele suavemente el abdomen diciéndole: "¿Te duele el estómago?", si responde con un "sí" o únicamente señala su abdomen, dígale: "ese es tu abdomen" y vuelva a pre-

guntar: "¿Qué te duele?", si intenta decir que el estómago, tranquilícelo y dígale qué va a hacer para remediar su dolor. Por ejemplo: ahora te voy a dar té o una pastilla, o vamos a ir al doctor.

3. Anime al niño a que diga el nombre de la parte del cuerpo que le duele. En caso de una caída, tranquilícelo y comience a sobar las partes del cuerpo donde crea usted que se haya golpeado, hasta identificar la parte del cuerpo que le duele al niño.

Observaciones

Es importante que en el caso de una caída o accidente, en el que el niño no responda, haya perdido el conocimiento o en el caso de un problema que usted no pueda solucionar en casa, acuda inmediatamente a un médico. Siempre debe tener a la mano un botiquín con los elementos básicos como son alcohol, merthiolate, algodón, etc. Ayude al niño a identificar los síntomas y déle algún medicamento sólo si el doctor se lo ha recetado. Nunca le dé medicamento al niño sin la supervisión del médico. En caso de que el niño siga presentando las molestias, acuda a su médico.

214

Objetivo 165

El niño responderá correctamente a la pregunta: *¿con qué oyes?*, en tres de cinco veces seguidas.

Material

La música que más le guste al niño.

Actividad y procedimiento

1. Aproveche cualquier actividad que realice con el niño para preguntarle "¿Con qué oyes?" Si el niño responde correctamente, alábelo diciéndole: "Muy bien, oímos con nuestros oídos."

2. Si el niño no responde correctamente, ayúdelo. Dígale que oímos

con nuestros oídos y anímelo a que se los toque diciéndole: "A ver, tócate tus oídos", si el niño se los toca alábelo, "eso es, esos son tus oídos". Pídale ahora que se los tape por unos momentos, y una vez que se los ha destapado hágale notar que cuando los tenía tapados no podía oír, y que cuando se los destapó oyó nuevamente. Ponga en el radio la música que más le agrada al niño, y pídale que se tape y destape los oídos varias veces, para que se dé cuenta que si se los tapa no escuchará la música, y si los destapa escuchará nuevamente la música.

215

3. Cada vez que tenga oportunidad, hágale notar al niño que escuchamos con nuestros oídos. Muéstrele varios dibujos de niños que escuchan varios ruidos, por ejemplo, de un despertador, una televisión, un claxon, etc., y pregúntele: "¿Con qué oye el niño?", si intenta responder que con los oídos, alábelo diciéndole: "Muy bien, oímos con los oídos."
4. Paulatinamente retire la ayuda que le da al niño, hasta que responda correctamente a la pregunta *¿con qué oyes?*, por lo menos tres veces seguidas.

Objetivo 166

El niño responderá correctamente a la pregunta *¿con qué ves?*, tres de cinco veces seguidas.

Material

Una mascada (o algún objeto para cubrir los ojos).

Actividad y procedimiento

1. Aproveche cualquier actividad que realice con el niño para preguntarle: "¿Con qué ves?", si el niño responde correctamente, alábelo diciéndole: "Muy bien, vemos con nuestros ojos."

2. Si el niño no responde correctamente, ayúdelo. Dígale que vemos con nuestros ojos, anímelo a que se los toque diciéndole: "A ver, tócate tus ojos", si el niño se los toca felicítelo diciéndole: "Eso es, esos son tus ojos." Pídale ahora que se tape los ojos con sus manos por unos momentos, y hágale notar que cuando se los tapa deja de ver todo lo que hay a su alrededor, sin embargo, cuando se los destapa puede ver todo nuevamente. Coloque al niño frente a algún juguete, el que más le agrade, y pídale que se tape y destape sus ojos varias veces, 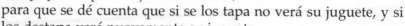 para que se dé cuenta que si se los tapa no verá su juguete, y si los destapa verá nuevamente su juguete.

3. Cada vez que tenga oportunidad, hágale notar al niño que vemos con nuestros ojos. Puede jugar con el niño a la gallinita ciega, tapándole los ojos con una mascada, él tendrá que encontrarla a usted y una vez que la encuentre, dígale: "No me encontrabas porque tenías tus ojos tapados, ahora puedes verme con tus ojos sin tapar."

4. Paulatinamente retire la ayuda que le da al niño, hasta que responda correctamente a la pregunta ¿con qué ves?, por lo menos tres veces seguidas.

Objetivo 167

El niño responderá correctamente a la pregunta ¿con qué hueles?, en tres de cinco veces seguidas.

Material

Flores frescas, alimentos, algún perfume.

Actividad y procedimiento

1. Aproveche cualquier actividad que realice con el niño para preguntarle: "¿Con qué hueles?" Si el niño responde correctamente, alábelo diciéndole: "Muy bien, olemos con nuestra nariz."

2. Si el niño no responde correctamente, ayúdelo. Dígale que olemos con nuestra nariz, anímelo a que se la toque diciéndole: "A ver, tócate tu nariz", si el niño se la toca dígale: "Muy bien, esa es tu nariz." Pida ahora que se la tape con sus dedos índice y pulgar, por unos instantes, hágale notar que cuando se la destapa puede volver a respirar y a oler todo lo que hay a su alrededor. Ahora coloque frente al niño algún perfume o algunas flores frescas y pídale que las huela, en seguida dígale que se tape la nariz, para sentir cómo deja de oler el aroma agradable y que se la destape para volver a oler el aroma.

217

3. Cada vez que tenga oportunidad, hágale notar al niño que olemos con la nariz. Puede pedirle durante la comida que huela sus alimentos que va a comer, para que perciba su olor. También lo puede hacer con las frutas y con todo aquello que tenga un olor agradable, para que así al niño le llame más la atención olerlos.

4. Paulatinamente retire la ayuda que le da al niño, hasta que responda correctamente a la pregunta *¿con qué hueles?*, por lo menos tres veces seguidas.

Objetivo 168

El niño responderá correctamente a la pregunta *¿a qué estás jugando?*, cuando esté realizando alguna actividad o juego, en tres de cinco ocasiones seguidas.

Material

Objetos y juguetes que más gusten al niño.

Actividad y procedimiento

1. Cuando el niño se encuentre jugando, aproveche la ocasión para preguntarle: "¿A qué estás jugando?" Si el niño responde correctamente, alábelo diciéndole: "Muy bien, estás jugando a (diga a lo que está jugando)."

2. Si el niño no responde o lo hace incorrectamente, ayúdelo. Acérquese a él y pregúntele: "¿A qué estás jugando?" Si el niño sólo señala el objeto con el que está jugando, por ejemplo, una pelota o sólo dice *pelota*, dígale: "Estás jugando a la pelota." Nuevamente pregúntele: "¿A qué estás jugando?", si responde correctamente o intenta decir a lo que está jugando, alábelo y anímelo a decir a qué está jugando, diciéndole: "Muy bien, estás jugando a (diga a qué está jugando)."

3. Varíe la actividad, pídale al niño que escoja un juego y repítale varias veces: "Estamos jugando a (diga a lo que juegan)", después pregúntele: "¿A qué estamos jugando?" Si responde correctamente, felicítelo. Si aún le cuesta trabajo decir a lo que juega, ayúdelo diciéndole: "Estamos jugando a (mencione la primera letra del juego, y espere a que sea él quien complete la palabra)", festéjelo si completa correctamente la palabra diciéndole: "Muy bien, estamos jugando a (deje que sea él quien diga la palabra completa)."

4. Observe si el niño responde correctamente, cuando otras personas le pregunte: "¿A qué juegas?" Enseñe a otros miembros de la familia a que feliciten al niño si les dice a lo que está jugando, y si no es así, muéstreles cómo deben ayudarlo a contestar correctamente.

218

5. Paulatinamente retiren la ayuda que le dan al niño, hasta que él responda correctamente a la pregunta *¿a qué estás jugando?*, cuando esté realizando alguna actividad de juego, por lo menos en tres de cinco ocasiones seguidas.

Objetivo 169

El niño responderá correctamente a la pregunta *¿a qué sabe?*, cuando se le dé a probar algún alimento, en tres de cinco ocasiones seguidas.

Material

Los alimentos del niño.

Actividad y procedimiento

219

1. Cuando el niño esté comiendo, aproveche la ocasión para preguntarle: "¿A qué sabe?" Si el niño responde correctamente diciendo el nombre del alimento, alábelo diciéndole: "Muy bien, estás comiendo (diga el nombre del alimento)."
2. Si el niño no dice correctamente el nombre del alimento, ayúdelo. Déle pequeñas porciones de comida, pregúntele: "¿A qué sabe?" Por ejemplo, si le da plátano y el niño no responde, dígale: "Sabe a plátano." Enseguida pregúntele: "¿A qué sabe?" Si responde correctamente o intenta decir a qué sabe, alábelo diciéndole: "Muy bien, sabe a (diga el nombre del alimento)."
3. Continúe dándole a probar alimentos y si no conoce los sabores de algunos de ellos, ayúdelo y anímelo a que los pruebe, para que después él mismo diga a qué saben.
4. Varíe la actividad, pídale a otros niños que participen en el juego, siéntelos alrededor de una mesa y déles a probar distintos alimentos, después pregúnteles a qué saben, fe-

licítelos si responden correctamente, si no, ayúdelos a distinguir el sabor. Puede hacer competencias entre ellos, para ver quién es el que dice primero el sabor del alimento, premie a cada uno por decirlo correctamente.

5. Paulatinamente retire la ayuda que le da al niño, hasta que responda correctamente a la pregunta *a qué sabe*, cuando se le dé a probar algún alimento, por lo menos en tres de cinco veces seguidas.

Objetivo 170

El niño responderá correctamente a la pregunta *¿qué estás tocando?*, al estar tocando algún instrumento musical, en tres de cinco ocasiones seguidas.

Material

Instrumentos musicales, como flauta, tambor, cascabeles, pandero, guitarra, etcétera.

220

Actividad y procedimiento

1. Cuando el niño esté tocando algún instrumento musical, aproveche la ocasión para preguntarle: "¿Qué estás tocando?" Si el niño dice correctamente el nombre del instrumento que está tocando, alábelo diciéndole: "Muy bien, estás tocando un (diga el nombre del instrumento)."

2. Si el niño no dice correctamente el nombre del instrumento que está tocando, ayúdelo. Siéntese frente a él y coloque algunos instrumentos musicales, pídale que elija alguno y deje que lo toque. Enseguida pregúntele: "¿Qué estás tocando?", si el niño no responde dígale: "Estás tocando un (diga el nombre del instrumento)." Nuevamente pregúntele: "¿Qué estás

tocando?" Si el niño responde correctamente o intenta hacerlo, alábelo, diciéndole: "Muy bien, estás tocando un (diga el nombre del instrumento)", y anímelo a que diga el nombre de los demás instrumentos.

3. Continúe probando con los demás instrumentos, si el niño aún no conoce los nombres de los instrumentos que toca, dígaselos y muestre el sonido que éstos hacen, también puede mencionarle las diferencias que hay entre ellos. Anímelo a que él diga el nombre del instrumento que toca.

4. Si no cuenta con instrumentos musicales, improvíselos. Haga un tambor con una caja de cartón y un palito de madera, en lugar de cascabeles meta en un hilo varias cuentas que al moverlas suenen entre sí, haga un pandero con un aro de cartón colgándole unos cascabeles, etcétera.

5. Paulatinamente retire la ayuda que le da al niño, hasta que él responda correctamente cuando se le pregunte ¿qué estás tocando?, al tocar algún instrumento musical, por lo menos tres de cinco ocasiones seguidas.

Objetivo 171

El niño responderá correctamente a la pregunta *¿qué haces cuando tienes sed?*, en tres de cinco ocasiones seguidas.

Material

Una jarra con agua y vasos.

Actividad y procedimiento

1. Aproveche cualquier ocasión en la que el niño haya terminado de jugar y tenga sed para preguntarle: "¿Qué haces cuando tienes sed?" Si el niño responde correctamente: "Tomo agua", alábelo diciéndole: "Muy bien, se toma agua", e inmediatamente déle agua.

2. Si el niño no sabe qué hace cuando tiene sed, ayúdelo diciéndole: "Cuando se tiene sed, se debe tomar agua, de esta forma ya no la tendrás." Enseguida pregúntele nuevamente: "¿Qué hacemos cuando tenemos sed?", si el niño intenta decir que tomamos agua, alábelo y anímelo a que tome su vaso de agua porque tiene sed.

3. Cada vez que tenga oportunidad, repítale al niño que tomamos agua cuando tenemos sed. Puede mostrarle algunos recortes de revistas en las que algunas personas estén tomando agua, y dígale: "Mira, ellos están tomando agua porque tienen sed." Enseguida pregúntele al niño: "¿Qué hacemos cuando tenemos sed?", si el niño responde correctamente, alábelo diciéndole: "Muy bien."

4. Puede platicar con el niño cómo se prepara el agua de distintos sabores, como limón, jamaica o frutas frescas. Anímelo a que la ayude a prepararla indicándole cómo tiene que hacer las cosas, por ejemplo, que ponga el azúcar. Procure darle aguas frescas, que nutren más que los refrescos.

5. Paulatinamente retire la ayuda que le da al niño hasta que responda correctamente *¿qué haces cuándo tienes sed?*, por lo menos en tres de cinco ocasiones seguidas.

Objetivo 172

El niño responderá correctamente a la pregunta *¿estás cansado?*, al estar realizando alguna actividad o jugando, en tres de cinco ocasiones seguidas.

Material

Juguetes del niño.

222

Actividad y procedimiento

1. Aproveche cualquier actividad que el niño esté realizando, como ayudar a los quehaceres, caminar, estar jugando, y después de mucho tiempo de estarla realizando, pregúntele: "¿Estás cansado?" Si el niño responde que sí, dígale: "Entonces vamos a descansar un poco." Si el niño le responde que no está cansado, déjelo que continúe con su actividad otro momento, más adelante vuelva a repetir la pregunta y cuando el niño ya se sienta cansado invítelo a descansar y felicítelo por avisarle que ya está cansado.

2. Si el niño no sabe qué responder cuando se le pregunta si está cansado, ayúdelo. Siéntese junto a él y explíquele que casi siempre cuando hacemos una actividad por mucho tiempo, como jugar, caminar, etc., nos sentimos cansados, que en ocasiones nos duele alguna parte del cuerpo, como las piernas si caminamos mucho, o nos da sueño. Déle ejemplos muy sencillos para que el niño pueda entender qué es estar cansado. Aproveche cualquier situación en que usted vea cansado al niño para preguntarle si está cansado. Si el niño responde que sí, invítelo a descansar para que se le quite el cansancio.

3. Poco a poco anime al niño a responderle: "Sí, estoy cansado", no se preocupe si el niño en un principio no sabe lo que es estar cansado, él aprenderá a diferenciar cuando se sienta cansado y se lo dirá.

 Objetivo 173

El niño pronunciará correctamente palabras con el fonema *s* en posición inicial, en ocho de 10 palabras seguidas.

223

Material

Objetos o ilustraciones de objetos cuyo nombre inicie con la *s*, un espejo grande, trocitos de papel o algodón, una vela y cerillos.

Actividad y procedimiento

1. Aproveche cualquier actividad que realice con el niño para preguntarle: "¿Cómo se llama esto?", al tiempo que señala un objeto que empiece con la *s* (sal, sol, etc.). Si el niño dice el nombre del objeto que se le pidió pronunciando correctamente la *s*, felicítelo diciéndole: "Muy bien, es un (diga el nombre del objeto)."
2. Si el niño no pronuncia bien el sonido de la *s*, ya sea porque no lo diga o porque lo cambie por otro fonema, ayúdelo. Colóquense ambos frente a un espejo grande y muéstrele cómo debe poner sus labios, para producir la *s* los labios deben estar entreabiertos con las comisuras hacia abajo, permitiendo ver los dientes, la punta de la lengua se coloca detrás de los dientes de abajo (incisivos) y la parte de atrás de la lengua se levanta tocando ligeramente las muelas de arriba en la parte media del paladar, de esta forma la lengua queda arqueada, por donde pasará el aire y producirá el sonido de la *s*, el roce de aire con la lengua y los dientes es lo que hará que se produzca el sonido. Ahora pídale al niño que acomode sus labios y lengua como los de usted, y empiece a producir el sonido de la *s*, pídale que él también lo haga, diciéndole: "Vamos a hacer *sss*", cuando el niño lo diga, festéjelo y anímelo a que continúe haciéndolo.
3. Cuando se pronuncia la *s*, el aire debe salir por la boca y no por la nariz, hágale notar al niño cómo sale el aire, colocando el dorso de su mano cerca de sus labios, para que pueda sentirlo.
4. Varíe la actividad, corte trocitos de papel o de algodón y pronuncie la *s* frente a ellos, de esta manera el niño verá cómo se mueven; también puede hacerlo frente a una vela encendida, y observará también cómo se mueve el fuego, los ejercicios sólo deben durar unos minutos, pues cansan mucho. Recuerde elogiar al niño cada vez que intente pronunciar o pronuncie la letra *s*.
5. Ahora practique con las vocales, pidiéndole al niño que repita los siguientes sonidos: *sssa, ssso, sssu, ssse* y *sssi*. Prolongue cuan-

to sea posible el sonido *s*. Descanse después de pronunciar cada sílaba para no fatigar al niño.

6. Después que el niño haya pronunciado la *s*, con cada una de las vocales, muéstrele nuevamente algún objeto que empiece con la letra *s*, como un sol o una sala (recuerde que puede utilizar ilustraciones o cosas que el niño puede tocar) y dígale: "¿Cómo se llama esto?", al tiempo que le muestra la ilustración u objeto, alabe al niño si pronuncia correctamente la *s*, diciéndole: "Muy bien, es un (diga el nombre del objeto)." Si al niño aún se le dificulta pronunciar la *s*, muéstrele nuevamente cómo debe hacerlo. Utilice palabras más sencillas, como: sal, sol, sopa, sapo, soba, sofá, suda, sala, sola, etc., usando los objetos o ilustraciones correspondientes en cada palabra, así el niño practicará y recordará cómo debe decirlas.

7. Paulatinamente utilice palabras más largas, conforme el niño avance y ya no se le dificulte pronunciar la *s*. Repita varias veces las actividades, descansando un poco entre cada una de ellas. Retire la ayuda que se le da al niño, hasta que logre pronunciar ocho de 10 palabras seguidas.

Observaciones

Si aún después de realizar los pasos anteriores al niño se le dificulta pronunciar el fonema *s*, revise la bibliografía citada en el presente manual o acuda a una persona especializada en lenguaje, para que le indique qué más puede hacer.

Objetivo 174

El niño pronunciará correctamente palabras con el fonema *r*, en posición inicial, en ocho de 10 palabras seguidas.

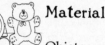

Material

Objetos o ilustraciones de objetos cuyo nombre inicie con la *r*, un espejo grande y un abatelenguas.

Actividad y procedimiento

1. Aproveche cualquier actividad que realice con el niño para preguntarle: "¿Cómo se llama esto?", al tiempo que señala un objeto que empiece con la *r* (rosa, roca, etc.). Si el niño dice el nombre del objeto que se le pidió pronunciando correctamente la *r*, felicítelo diciéndole: "Muy bien, es un (diga el nombre del objeto)."

2. Si el niño no pronuncia bien el sonido de la *r*, ya sea porque no lo diga o porque lo cambie por otro fonema, ayúdelo. Colóquense ambos frente a un espejo grande y muéstrele cómo debe poner sus labios y lengua para articular el fonema *r*; los labios deben estar entreabiertos permitiendo ver los dientes (incisivos) de arriba y de abajo; la punta de la lengua se apoyará en el espacio donde empieza el paladar, los lados de la lengua tocan parte de las muelas y las encías de éstas; ahora pídale que acomode sus labios y lengua como los de usted, puede ayudarlo con el abatelenguas a colocar la posición correcta. Empiece a producir el sonido del la *r* y pídale que él también lo haga, diciéndole: "Vamos a hacer *rrr*", cuando lo diga, alábelo y anímelo a que continúe haciéndolo.

3. Cuando pronuncia la *r*, la salida del aire es por la boca (en forma explosiva), hágale notar al niño cómo sale el aire colocando el dorso de su mano cerca de sus labios, para que pueda sentirlo.

4. Ahora practique con las vocales, pidiéndole al niño que repita los siguientes sonidos: *rrra, rrro, rrru, rrre* y *rrri*. Prolongue el sonido cuanto sea posible. Descanse después de pronunciar cada sílaba para no fatigar al niño.

5. Después de que el niño haya pronunciado el sonido de la *r* con cada una de las vocales, muéstrele nuevamente algún objeto que

empiece con la *r*, como una rosa o un río (recuerde que puede utilizar ilustraciones o cosas que el niño pueda tocar) y dígale: "¿Cómo se llama esto?", al tiempo que le muestra la ilustración u objeto, alabe al niño si pronuncia correctamente la *r*, diciéndole: "Muy bien, es un (diga el nombre del objeto)." Si al niño aún se le dificulta articular la *r*, muéstrele nuevamente cómo debe hacerlo. Utilice palabras más sencillas, como rosa, roca, ropa, risa, río, rama, rana, etc., usando los objetos o ilustraciones correspondientes en cada palabra, así el niño practicará y recordará cómo decirlas.

6. Paulatinamente utilice palabras más largas, conforme el niño avance y ya no le cause problema el pronunciar la *r*. Repita varias veces las actividades, descansando un poco entre cada una de ellas. Retire la ayuda que le da al niño, hasta que logre pronunciar ocho de 10 palabras seguidas.

Observaciones

Si aún después de realizar los pasos anteriores al niño se le dificulta pronunciar el fonema *r*, revise la bibliografía citada en el presente manual o acuda a una persona especializada en lenguaje, para que le indique qué más puede hacer.

227

Objetivo 175

El niño identificará y pronunciará correctamente de cinco a ocho objetos comunes cuando se le muestren, de ocho a 10 objetos seguidos.

Material

10 objetos conocidos por el niño.

Actividad y procedimiento

1. Aproveche cualquier actividad que realice con el niño para preguntarle: "¿Qué es esto?", al tiempo que le muestra un objeto co-

nocido (como mesa, lápiz, cama, silla, tele, taza, vaso, etc.), cada vez que el niño nombre e identifique correctamente un objeto, felicítelo, diciéndole: "Muy bien, es un (diga el nombre del objeto)", hasta que él identifique y nombre por lo menos ocho objetos comunes.

2. Si el niño no identifica ni nombra los objetos que se le muestran, ayúdelo. Seleccione 10 objetos comunes al niño, y muéstreselos uno a uno, diciéndole: "Éste es un (diga el nombre)", repítalo despacio y claramente, y pídale al niño que lo diga junto con usted. Cuando lo haya repetido con usted muéstrele otro objeto y siga el mismo procedimiento que el anterior, hasta que termine de mostrarle los 10 objetos. Festeje al niño cada vez que repita junto con usted el nombre del objeto.

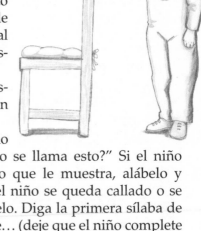

3. Procure que los objetos que le muestre al niño sean los que más llaman su atención.

228

4. Una vez que le ha mostrado al niño los 10 objetos, pregúntele: "¿Cómo se llama esto?" Si el niño intenta decir el nombre del objeto que le muestra, alábelo y anímelo a terminar de decirlo; si el niño se queda callado o se equivoca al decir el nombre, ayúdelo. Diga la primera sílaba de la palabra, por ejemplo: "Es una me... (deje que el niño complete la palabra mesa)", si el niño la completa, alábelo diciéndole: "Muy bien, es un (diga el nombre del objeto)." Continúe preguntando por los demás objetos, ayudándolo cada vez que logre identificar o nombrar algún objeto.

5. Poco a poco retire la ayuda que le da al niño, hasta que logre nombrar e identificar por lo menos cinco u ocho objetos comunes, de los 10 que le presenta.

Objetivo 176

El niño identificará y pronunciará correctamente objetos comunes que se le presenten en una ilustración, en ocho de 10 ilustraciones seguidas.

Material

10 ilustraciones de objetos conocidos por el niño.

 ## Actividad y procedimiento

1. Aproveche cualquier actividad que realice con el niño para preguntarle: "¿Qué es esto?", al tiempo que le muestra una ilustración de un objeto, como una televisión, una silla, etc. Cada vez que identifique y pronuncie el nombre de un objeto cuando lo ve en la ilustración, alábelo diciéndole: "Muy bien, es un (diga el nombre del objeto)", hasta que el niño identifique y nombre por lo menos ocho objetos.

2. Si el niño no identifica ni nombra los objetos que se muestran en las ilustraciones, ayúdelo. Enséñele una a una cada ilustración, diciéndole: "Mira, este es un (diga el nombre del objeto)", repita el nombre despacio y claramente, y pídale al niño que lo repita junto con usted. Cuando lo haya repetido con usted muéstrele otra ilustración y siga el mismo procedimiento hasta que termine de mostrarle las 10 ilustraciones. Alabe al niño cada vez que repita con usted el nombre del objeto.

3. Procure que las ilustraciones que le muestre al niño tengan objetos llamativos para él.

4. Una vez que le ha mostrado al niño las 10 ilustraciones pregúntele: "¿Cómo se llama esto?", si el niño intenta decir el nombre del objeto que está en la ilustración, felicítelo y anímelo a terminar de decirlo. Si el niño se queda callado o se confunde al decir el nombre, ayúdelo. Diga la primera sílaba de la palabra, diciéndole: "Es una me… (deje que el niño complete la palabra)", si el niño la completa, dígale: "Muy bien, es un (diga el nombre del objeto)." Continúe preguntando por las demás ilustraciones, ayudándolo cada vez que no logre identificar o nombrar algún objeto de las ilustraciones.

5. Varíe la actividad, ahora muéstrele una lotería al niño con las ilustraciones que le ha estado enseñando, y pídale que ponga una corcholata en cada figura cuando usted le pida que le enseñe un objeto, y al poner la corcholata, tendrá que repetir el nombre del objeto que está en la ilustración. Festeje al niño cada vez que identifique y pronuncie el nombre de los objetos.

6. Poco a poco retire la ayuda que le da al niño, hasta que logre identificar y pronunciar correctamente los objetos comunes de, por lo menos, ocho de 10 ilustraciones.

Objetivo 177

El niño expresará apropiadamente sus acciones, en ocho de 10 veces seguidas.

Material

Juguetes del niño.

Actividad y procedimiento

1. Aproveche cualquier actividad que esté realizando el niño, acérquese a él y pregúntele: "¿Qué estás haciendo?" Si el niño expresa con palabras las acciones que está realizando, dígale: "Muy bien, estás (diga lo que está haciendo el niño)."

2. Si el niño no expresa apropiadamente sus acciones, ayúdelo. Cada vez que el niño realice una actividad (jugar, ver televisión, etc.), acérquese a él y dígale: "Estás (diga la acción que está realizando)." Ahora pregúntele: "¿Qué es lo que haces?", si el niño intenta responder anímelo para que termine de decirlo. Si al niño aún se le dificulta expresar sus acciones, ayúdelo, repita despacio y claramente la acción del niño y anímelo a que repita junto con usted, vaya bajando poco a poco la voz, hasta que sólo se escuche la del niño. Aproveche cada actividad del niño para preguntarle, y si no responde ayúdelo a expresar con palabras lo que hace. Alabe al niño cada vez que responda, junto con usted, la acción que realiza.

3. Cuando realice actividades junto con el niño, constantemente repítale "estamos (diga lo que hacen)", y enseguida pregunte al niño: "¿Qué estamos haciendo?" Si el niño responde adecuadamente, dígale: "Muy bien."
4. Paulatinamente el niño aprenderá a expresar con palabras sus acciones, conforme lo practique.
5. Retire la ayuda que le da al niño, hasta que solo exprese con palabras sus acciones, por lo menos ocho veces seguidas.

Objetivo 178

El niño silbará la tonada de una canción, al pedírselo, en tres de cinco veces seguidas.

Material

Pedacitos de algodón, un espejo grande.

Actividad y procedimiento

1. Aproveche cualquier actividad que realice con el niño para pedirle que silbe la tonada de una canción (la que más le guste al niño), si silba por lo menos durante un minuto, dígale: "Muy bien, así se silba."

2. Si el niño no sabe silbar, ayúdelo. Colóquese frente a un espejo y muéstrele cómo debe poner sus labios y lengua para poder producir el silbido: su lengua debe estar en la parte baja de su boca, la punta de la lengua se colocará detrás de los dientes de abajo (los de enfrente), sus labios se colocan muy juntos y ligeramente hacia fuera; pídale que coloque sus labios y lengua como los de usted, ahora comience a sacar aire, el que al pasar por el pequeño hueco producirá un ligero silbido, pídale al niño que lo haga diciéndole: "Vamos a silbar así", al tiempo que produce el silbido. Si el niño logra hacer un pequeño silbido, alábelo diciéndole: "Lo estás haciendo muy bien."

3. Coloque el dorso de la mano del niño cerca de su boca, para que sienta cómo sale el aire.

4. Coloque sobre una mesa pequeños trozos de algodón, para que el niño al silbar los mueva.

5. Observe cuál es la canción que le gusta al niño, para que comience a silbar poco a poco la tonada de esa canción; cada vez que el niño haga el intento por seguir la tonada, anímelo a que continúe haciéndolo.

6. Retire paulatinamente la ayuda que le da al niño hasta que logre silbar la tonada de una canción, por lo menos durante un minuto, en tres de cinco veces seguidas.

 Objetivo 179

El niño cantará temas infantiles, al pedírselo, en tres de cinco veces seguidas.

Material

Una grabadora o radio.

Actividad y procedimiento

1. Aproveche cualquier actividad que realice con el niño para pedirle que cante su canción favorita. Si el niño la canta por lo menos durante un minuto dígale: "Muy bien, cantas muy bonito."
2. Si el niño no quiere cantar o desconoce alguna canción, puede enseñarle alguna, por ejemplo: *Pim-pom*:

> Pim-pom es un muñeco de trapo y de cartón.
> Se lava la carita con agua y con jabón.
> Se desenreda el pelo con peine de marfil.
> Y si se da estirones, no llora, ni hace así (frotarse los ojos simulando que está llorando).
> Pim-pom, dame la mano.
> Con un fuerte apretón.
> Que quiero ser tu amigo.
> Pim-pom, Pim-pom, Pim-pom.

233

Anime al niño a cantar con usted, haciendo las acciones que se mencionan en la canción, cuando el niño intente cantar con usted felicítelo y dígale: "Eso es, lo haces muy bien." Paulatinamente baje el volumen de su voz, para que sólo se escuche la del niño. Puede cantar la canción frente al espejo, para así llamar la atención del niño.
3. Retire gradualmente la ayuda que le da al niño hasta que logre cantar una canción infantil cuando se lo pidan, por lo menos durante un minuto.

Objetivo 180

El niño cantará canciones infantiles uniendo rimas, en tres de cinco rimas seguidas.

Material

Una grabadora y un cassette virgen.

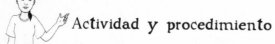

Actividad y procedimiento

1. Aproveche cualquier actividad que realice con el niño para pedirle que cante alguna canción infantil donde tenga que unir alguna rima. Si el niño lo hace, dígale: "Cantas muy bien con las rimas."
2. Si el niño no canta uniendo rimas, ayúdelo. Enséñele algunas rimas, para que se le facilite esta actividad puede grabar algunas rimas cantadas por usted. Por ejemplo:

Y si se trata de rimar palabras,
de decir palabras,
que suenen muy bien,
entonces yo a ti te digo noche,
y tu contestas coche,
eso rima bien.

3. Hágale notar al niño la semejanza que hay entre las palabras *noche* y *coche*, pídale que las pronuncie varias veces, para que observe en qué se parecen.
   Explíquele que hay palabras que riman porque terminan con las mismas letras. Puede usted hacer una lista de palabras que rimen y las puede grabar para que el niño las escuche y se anime a cantarlas. Por ejemplo:

Si yo digo coche, tú dices noche.
Si yo digo rana, tú dices lana.
Si yo digo tuna, tú dices luna.
Si yo digo taza, tú dices casa.
Si yo digo pato, tú dices gato.

4. Para cada par de palabras cante la canción anterior. Felicite al niño cada vez que intente rimar cada par de palabras y anímelo a que continúe haciéndolo con las demás.
5. Retire paulatinamente la ayuda que le da al niño, hasta que él logre cantar canciones con rimas infantiles, por lo menos en tres de cinco rimas seguidas.

Objetivo 181

El niño usará apropiadamente el verbo *jugar* en sus conversaciones, en tres de cinco ocasiones seguidas.

Material

Una superficie plana donde el niño pueda jugar con una pelota.

Actividad y procedimiento

1. Aproveche cualquier actividad que realice con el niño para platicar con él sobre los juegos que realiza. Observe si durante su conversación utiliza apropiadamente el verbo *jugar*. Si es así, anímelo a que le continúe platicando.
2. Si el niño no usa apropiadamente el verbo *jugar* durante su conversación, ayúdelo. Si el niño dice *gego* o *jugo*, por jugar o jugué, invítelo a jugar a la pelota y dígale al niño: "Estamos jugando a la pelota." En seguida pregúntele: "¿Qué estamos haciendo?", si el niño intenta decir que juegan a la pelota, dígale: "Muy bien, estamos jugando a la pelota."
3. Si el niño continúa equivocándose al pronunciar el verbo jugar,

repita despacio y claramente *juuuu-eee-gggoo*, anime al niño a que la repita junto con usted, disminuya usted el tono de voz, de modo que sólo se escuche la del niño, alabándolo por decirlo correctamente.

236

4. Aproveche cuando el niño ha terminado de jugar para preguntarle: "¿Qué estabas haciendo?", si el niño dice correctamente que jugando, felicítelo, pero si el niño aún se equivoca, corríjalo y anímelo a que hable apropiadamente.
5. Retire paulatinamente la ayuda que le da al niño, hasta que logre usar apropiadamente el verbo jugar en sus conversaciones, por lo menos en tres de cinco ocasiones seguidas.

Objetivo 182

El niño usará apropiadamente el verbo *caminar* en sus conversaciones, en tres de cinco veces seguidas.

Material

Una superficie plana donde el niño pueda caminar.

Actividades y procedimiento

1. Aproveche cuando esté en compañía del niño para invitarlo a caminar y preguntarle: "¿Qué estamos haciendo?", si el niño responde correctamente felicítelo, diciéndole: "Muy bien, estamos caminando."

2. Si el niño no usa apropiadamente el verbo *caminar*, ayúdelo. Invite al niño a caminar sobre una superficie plana, pídale que camine hacia delante, hacia atrás y hacia los lados. Si al niño se le dificulta seguir alguna de estas instrucciones, ayúdelo: guíe sus pies haciendo el movimiento correcto. Durante la actividad, dígale al niño: "Estamos caminando", enseguida pregúntele: "¿Qué estamos haciendo?", si el niño intenta decir que están caminando, alábelo diciéndole: "Muy bien, estamos caminando."

3. Anime al niño a que pronuncie el verbo caminar correctamente diciéndole: *ca-mi-no*, repítalo despacio y claramente, y pídale al niño que lo repita junto con usted, disminuya la voz de modo que sólo se escuche la del niño.

4. Aproveche las ocasiones en que el niño ha terminado de caminar para preguntarle: "¿Qué estabas haciendo?" Si el niño contesta correctamente felicítelo; pero si el niño aún se equivoca, corríjalo y anímelo a que lo use apropiadamente en sus conversaciones diciéndole: "No se dice…, se dice…"

5. Paulatinamente retire la ayuda que le da al niño, hasta que logre usar apropiadamente el verbo caminar en sus conversaciones, por lo menos en tres de cinco ocasiones seguidas.

Objetivo 183

El niño identificará correctamente la acción de jugar, en tres de cinco ilustraciones seguidas.

Material

Cinco ilustraciones en las cuales haya diferentes personas jugando.

238

Actividad y procedimiento

1. Aproveche cualquier juego que realice con el niño para preguntarle: "¿Qué está haciendo?", al tiempo que le muestra alguna ilustración donde una persona esté jugando, si el niño responde correctamente, dígale: "Muy bien, está jugando."

2. Si el niño no reconoce en la ilustración lo que está haciendo, ayúdelo. Dígale: "Está jugando", repita la palabra *jugan-do*, y anime al niño a repetirla junto con usted. Enseguida muéstrele diferentes ilustraciones donde estén jugando otras personas, y anime al niño a decir que están jugando, diciéndole: "Mira, están jugando"; alabe al niño cada vez que lo diga correctamente.

3. Muéstrele al niño ilustraciones de niños, para así llamar más su atención, al decirle: "Mira, estos niños también juegan igual que tú."
4. Retire paulatinamente la ayuda que le da al niño hasta que él logre identificar correctamente a diferentes personas que realizan la acción de jugar, en tres de cinco ilustraciones seguidas.

Objetivo 184

El niño identificará correctamente la acción de caminar, en tres de cinco ilustraciones seguidas.

Material

Cinco ilustraciones en las cuales haya diferentes personas caminando.

Actividad y procedimiento

239

1. Aproveche cualquier actividad que realice con el niño para preguntarle: "¿Qué está haciendo?", al tiempo que le muestra alguna ilustración donde una persona esté caminando. Si el niño responde correctamente, dígale: "Muy bien, está caminando."
2. Si el niño no reconoce en la ilustración lo que la persona está haciendo, ayúdelo. Muéstrele una por una cada ilustración y dígale: "Está caminando", repita la palabra *ca-mi-nan-do*, y anime al niño a repetir junto con usted la palabra. Enseguida, muéstrele el resto de las ilustraciones donde estén caminando otras personas y anime al niño a decir que están caminando, dígale: "Mira, están caminando", alabe al niño cada vez que lo diga correctamente.

3. Muéstrele ilustraciones de niños para así llamar más su atención al decirle: "Mira, estos niños también caminan igual que tú lo haces."

4. Retire paulatinamente la ayuda que le da al niño, hasta que él logre identificar correctamente a diferentes personas en las ilustraciones en la acción de caminar, en tres de cinco ilustraciones seguidas.

Objetivo 185

El niño utilizará apropiadamente la interrogación *qué*, al inicio de las preguntas que realice, por lo menos cinco veces en una semana.

Material

Diversos objetos conocidos por el niño, como: una pelota, una cuchara, un coche, etcétera.

Actividad y procedimiento

240

1. Aproveche cualquier actividad que realice con el niño para platicar con él, observe si durante su plática usa adecuadamente la palabra *qué* al inicio de sus preguntas cuando quiere saber algo. Alábelo si lo hace correctamente diciéndole: "Muy bien", al tiempo que responde a sus preguntas. Anímelo a seguir usando la palabra *qué*.

2. Si el niño no la usa apropiadamente, ayúdelo. Coloque dentro de una bolsa oscura algún objeto conocido por el niño, como una pelota, una cuchara, un coche, etc., y dígale que van a jugar a las adivinanzas: él tendrá que adivinar lo que hay dentro de la bolsa, permítale que toque la bolsa y pregúntele: "¿Qué es lo que tengo aquí?" Si el niño adivina el nombre del objeto que está dentro de la bolsa, dígale: "Muy bien, es (diga el nombre del objeto)." Déle varias oportunidades hasta que acierte. Después pídale al niño que sea

él quien esconda algún objeto, y ahora usted será quien adivine el nombre del objeto que él esconda en la bolsa, pídale que le haga la pregunta: "¿Qué es?" Si el niño sólo le muestra la bolsa, anímelo a que realice la pregunta diciéndole: "Me tienes que preguntar para que yo adivine lo que hay en la bolsa." Si el niño intenta hacer la pregunta dígale: "Muy bien, así se pregunta", y enseguida trate de adivinar lo que el niño escondió en la bolsa. Anímelo a que le siga preguntando por otros objetos con el fin de que siga usando la palabra *qué*.

3. Varíe la actividad, muéstrele diversos objetos al niño que sean llamativos, pero no le diga lo que es hasta que el niño pregunte, puede practicarlo cada vez que quiera regalarle algo al niño o comprarle algo, de esta forma animará al niño a usar la interrogación *qué*, cuando quiera saber algo.

4. Retire la ayuda que le da al niño hasta que él, espontáneamente, sea quien pregunte y use apropiadamente la interrogación *qué*, al inicio de sus preguntas, por lo menos cinco veces en una semana.

Objetivo 186

El niño usará apropiadamente la interrogación *dónde* al inicio de las preguntas que realice, por lo menos cinco veces en una semana.

Material

Objetos que llamen la atención del niño.

Actividad y procedimiento

1. Aproveche cualquier actividad que realice con el niño para platicar con él, observe si durante su plática el niño usa adecuadamente la interrogación *dónde*, al inicio de sus preguntas, cuando quiera preguntar sobre algún lugar. Alábelo si lo hace correctamente, diciéndole: "Muy bien", al tiempo que responde a sus preguntas. Anímelo a seguir usando la palabra *dónde*.

2. Si el niño no la usa o la usa inapropiadamente, ayúdelo. Pídale que juegue con usted a esconder objetos, en donde él tendrá que buscar un objeto que usted esconda, procure que sea un lugar accesible para que el niño lo encuentre. Ya que haya escondido un objeto pregúntele al niño: "¿Dónde está (diga el nombre del objeto)?", felicite al niño cuando haya encontrado el objeto diciéndole: "Muy bien, ya encontraste el (diga el nombre del objeto)." Después dígale al niño que sea él quien esconda el objeto y ahora usted será quien busque el objeto. Pídale que le haga la pregunta "¿Dónde está?" Si el niño sólo esconde el objeto, pero no realiza la pregunta, anímelo a que la haga diciéndole: "Me tienes que preguntar dónde está para que yo empiece a buscarlo", si el niño intenta hacer la pregunta dígale: "Muy bien, ahora comenzaré a buscar", y enseguida busque el objeto que él escondió. Continúe jugando con él y anímelo a que siga utilizando la interrogación *dónde*, durante el juego.

3. Aproveche cualquier oportunidad en que el niño busque algún objeto para animarlo a que use la interrogación *dónde*, alábelo cada vez que la use adecuadamente por lo menos cinco veces en una semana.

Objetivo 187

El niño usará apropiadamente la interrogación *quién*, al inicio de las preguntas que realice, por lo menos cinco veces en una semana.

Material

No se requiere material.

Actividad y procedimiento

1. Aproveche cualquier actividad que realice con el niño para platicar con él, observe si durante su plática el niño usa adecuadamente la interrogación *quién*, cuando desea saber sobre alguna persona, o bien, para saber quién toca la puerta. Si es así, dígale: "Muy bien, siempre se pregunta quién es." Anímelo a seguir usando la interrogación *quién*, repitiendo constantemente "¿quién es?", "¿quién quiere comer?", etcétera.

2. Si el niño no usa o usa inapropiadamente la interrogación *quién* al inicio de sus preguntas, ayúdelo. Aproveche las ocasiones en que tocan a la puerta para pedirle que pregunte *quién es*. Si realiza la pregunta o intenta hacerlo, alábelo y anímelo a seguir haciéndolo, hasta que le respondan quién toca. Continúe pidiéndole al niño que pregunte quién toca a la puerta, cada vez que toquen, y felicítelo cada vez que lo haga.

3. Varíe la actividad, aproveche cuando visiten varias personas su casa para animar al niño a que pregunte, cuando toquen a la puerta, quién es; o bien, anímelo a que les pregunte a las personas, por ejemplo, ¿quién quiere refresco?, felicítelo cada vez que lo haga.
4. Retire paulatinamente las alabanzas que le da al niño hasta que sea él quien espontánea y adecuadamente haga la interrogación *quién,* por lo menos cinco veces en una semana.

 Objetivo 188

El niño demostrará tener conocimientos del pasado, al preguntárselo, por lo menos en tres de cinco ocasiones seguidas.

Material

Fotografías del niño cuando era pequeño, recortes de revistas, un frijol, un frasco pequeño y un trozo de algodón.

Actividad y material

1. Aproveche cualquier actividad que realice con el niño para preguntarle sobre alguna actividad que haya hecho anteriormente, por ejemplo: "¿Qué hiciste el domingo?", "¿cuándo fuiste al parque?", etc. Si el niño se acuerda de lo que hizo en el pasado, dígale: "Muy bien, sí fue el (complete según la respuesta del niño)."

2. Si el niño aún no demuestra tener conocimiento del pasado, ayúdelo. Muéstrele fotografías de cuando él era más pequeño y platíquele que él era así antes, pero que ahora ya creció (enséñele alguna foto reciente). Después pregúntele cómo era de chiquito, felicite al niño si describe lo que usted le platicó acerca de cuando era chiquito, diciéndole: "Muy bien, así eras antes." Si el niño se confunde, muéstrele nuevamente las fotos y explíquele cómo fue creciendo.

3. Varíe la actividad, siembren un frijol envolviéndolo en un pedazo de algodón húmedo. Colóquenlo en un frasco pequeño y pídale al niño que diariamente observe cómo va creciendo. Cuando la semilla haya crecido un poco pregúntele al niño: "¿Te acuerdas cómo era antes la plantita?" Felicítelo si trata de describir cómo era, diciéndole: "Muy bien, así era antes." Si al niño aún le cuesta trabajo contarlo, ayúdelo y anímelo a recordar cómo era la planta antes.

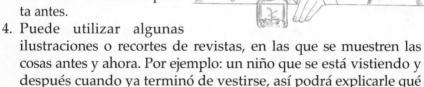

4. Puede utilizar algunas ilustraciones o recortes de revistas, en las que se muestren las cosas antes y ahora. Por ejemplo: un niño que se está vistiendo y después cuando ya terminó de vestirse, así podrá explicarle qué

hizo el niño para vestirse. Haga preguntas referentes a cómo estaba antes de vestirse el niño, alabe al niño cada vez que responda correctamente.

5. Retire la ayuda que le da al niño paulatinamente, conforme vaya demostrando que tiene conocimiento de cosas que han pasado, por lo menos en tres de cinco veces seguidas.

Objetivo 189

El niño mostrará tener conocimientos del presente, al preguntárselo, por lo menos en tres de cinco veces seguidas.

Material

Fotografías del niño, recortes de revistas o periódicos.

245

Actividad y procedimiento

1. Aproveche cualquier actividad que realice con el niño para preguntarle sobre lo que están haciendo, por ejemplo: doblando la ropa, jugando a la pelota, viendo la televisión, etc. Si el niño responde correctamente a la pregunta sin mezclarlo con algo que haya hecho anteriormente, alábelo diciéndole: "Muy bien estamos (diga lo que están haciendo)."

2. Si el niño aún se confunde mezclando el presente con el pasado, ayúdelo. Muéstrele fotografías de cómo es ahora él, muéstrele una de cuando era más pequeño y explíquele que ya creció. Enseguida pregúntele: "¿Cómo eres ahora?" Alabe al niño si describe cómo es ahora, diciéndole: "Muy bien, así eres ahora." Si el niño en su plática se

confunde y platica algo referente a cómo era antes, corríjalo y colóquelo frente a un espejo y muéstrele cómo es ahora.

3. Varíe la actividad, recorte ilustraciones de periódicos o revistas de algunos modelos de coches antiguos y después recorte algunos modelos nuevos, muéstreselos al niño y platíquele cómo son ahora los coches, pregúntele acerca de cuáles son los coches nuevos, alábelo si responde señalando los recortes de los coches actuales, diciéndole: "Muy bien, así son ahora los coches." Puede variar los recortes y mostrarle muñecas o algunos juguetes.

4. Retire la ayuda que le da al niño al hacer comparaciones de cómo eran antes las cosas y cómo son ahora, hasta que el niño vaya demostrando tener conocimiento del presente, cuando se lo pregunte, por lo menos en tres de cinco veces seguidas.

Objetivo 190

El niño relatará experiencias que le hayan pasado, por lo menos tres veces en una semana.

Material

No se requiere material.

Actividad y procedimiento

1. Aproveche cualquier actividad que realice con el niño para platicar con él, si durante su plática relata alguna experiencia que le haya sucedido, dígale: "Muy bien", y anímelo a que continúe platicando.

2. Si el niño, durante sus pláticas, no cuenta alguna experiencia que le haya pasado, ayúdelo. Pregúntele: "¿Que hiciste cuando fuiste a (diga algún lugar donde haya ido a pasear el niño)?" Por ejemplo: "¿Qué hiciste cuando fuiste a visitar a tu tía?, ¿a qué jugaste con tus primos?" Continúe haciéndole preguntas para animarlo a platicar sobre lo que le sucedió. Si el niño sólo contesta con monosílabos diciendo sí o no, anímelo a que relate algo

que le haya sucedido cuando iba usted con él, relate lo que usted hizo y enseguida pregúntele: "¿Y a ti qué te sucedió?", alabe cualquier intento que haga por contarle lo que le pasó.

3. Varíe la actividad, cuente al niño alguna historia sobre un niño, platique algo que le haya pasado a ese niño. Enseguida hágale pequeñas preguntas sobre la historia que le contó y alábe-lo cada vez que responda las preguntas. Después pregún-tele: "¿A ti qué te sucedió cuando fuiste a (diga el nom-bre de algún lugar donde el niño haya ido)?", anímelo a que le cuente lo que le ha pasado.

4. Puede ayudarle iniciando usted un relato de una expe-riencia que hayan pasado juntos y después dejarlo que él continúe con el relato, fe-licítelo por hacerlo. Anímelo a que él platique más expe-riencias, aunque éstas sean cortas, felicítelo, hasta que le cuente por lo menos tres en una semana.

CATEGORÍA: SOCIALIZACIÓN

Subcategoría: Juego independiente

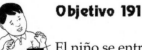

Objetivo 191

El niño se entretendrá jugando solo por lo menos durante 10 minutos, en tres de cinco veces en un día.

Material

Los juguetes que más llamen la atención del niño.

Actividad y procedimiento

1. Proporcione al niño los juguetes que más le gusten o llamen su atención, como son: pelotas, coches, muñecos, etc., y déjelo jugar en un lugar donde pueda permanecer jugando solo sin correr peligro alguno. Si el niño se entretiene jugando por lo menos durante 10 minutos, felicítelo diciéndole que está jugando él solo y anímelo a que continúe haciéndolo.

2. Si el niño llora sin querer quedarse solo, quédese un momento con él y muéstrele algunos juguetes con los que pueda entretenerse, procure que sean llamativos para él. Paulatinamente retírese de él, primero puede estar ocho minutos, después seis minutos, y así hasta que se quede solo. Después que hayan transcurrido los 10 minutos en que esté jugando solo, regrese con él y alábelo por permanecer jugando solo.

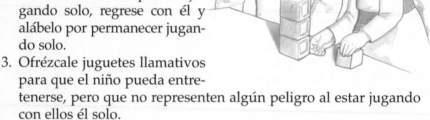

3. Ofrézcale juguetes llamativos para que el niño pueda entretenerse, pero que no representen algún peligro al estar jugando con ellos él solo.

4. Poco a poco retírese del niño, hasta que logre permanecer jugando solo por lo menos durante 10 minutos, tres veces seguidas en un día.

 ### Objetivo 192

El niño colocará sus juguetes en el lugar correspondiente, en cinco de ocho veces seguidas.

 ### Material

Los juguetes del niño.

248

Actividad y procedimiento

1. Aproveche el momento en que el niño haya terminado de jugar para pedirle que coloque sus juguetes en su lugar. Felicítelo si lo hace, diciéndole: "Eso es, guarda tus juguetes en su lugar."
2. Si el niño, al terminar de jugar, no guarda sus juguetes en su lugar, porque no sabe dónde van o no sabe guardarlos, ayúdelo. Dígale: "Vamos a guardar tus juguetes." Indíquele dónde debe guardarlos y muéstrele cómo debe guardarlos, metiéndolos en el cajón o lugar correspondiente; invite al niño a que él termine de guardalos y felicítelo si él continúa haciéndolo, diciéndole: "Muy bien, ese es el lugar de tus juguetes." Si el niño no lo hace, tómelo de su mano y llévelo hacia el juguete que desee que recoja, después guíelo a que lo deje en su lugar, alabándolo por haberlo guardado.

3. Si el niño no tiene un lugar específico para guardar sus juguetes, destínele uno, así evitará tenerlos regados por toda la casa y fomentará el orden en el niño en sus demás cosas.
4. Paulatinamente retire la ayuda que le da al niño, como es el guiar y enseñarle el lugar correspondiente de sus juguetes, hasta que por sí solo guarde sus juguetes cuando haya terminado de jugar con ellos, por lo menos en cinco de ocho veces seguidas.

249

Objetivo 193

El niño pedirá ayuda para colocar objetos en un lugar que él no alcance, en cinco de ocho veces seguidas.

Material

Diversos objetos del hogar.

Actividad y procedimiento

1. Durante las labores del hogar pídale al niño que le ayude a colocar algunos trastos u otros objetos en su lugar. Si el niño pide ayuda para colocar algún objeto en su lugar que no esté a su alcance, ayúdelo diciéndole: "Muy bien, se debe pedir ayuda cuando no puedas hacerlo tú solo."

2. Si el niño no pide ayuda o intenta colocarlo él solo, deténgalo diciéndole: "Espera un momento, ahora te ayudo a ponerlo en su lugar", explíquele por qué no puede colocarlo él solo, pues representa peligro cuando él no alcance o el objeto esté muy pesado para colocarlo él solo, dígale que siempre debe pedir ayuda a otra persona, diciéndole: "Me ayudas por favor." Pregunte al niño cómo va a pedir la ayuda, si el niño contesta como debe hacerlo, alábelo diciéndole: "Muy bien, así se debe pedir." Alabe cada intento que el niño haga para pedir que le ayuden a colocar un objeto en su lugar.

3. Siempre explique el riesgo que representa que él intente colocar un objeto lejos de su alcance, y recuerde felicitarlo cada vez que pida ayuda, por lo menos en cinco de ocho veces seguidas.

Subcategoría: Juego acompañado

 Objetivo 194

El niño jugará con otros niños por lo menos durante 10 minutos esperando su turno de participación.

 Material

Objetos y juguetes del niño.

Actividad y procedimiento

1. Aproveche la visita de familiares o amigos para que el niño juegue con ellos. Espere a que el grupo de niños se integre y comience a jugar, si se integra y permanece jugando por lo menos 10 minutos y esperando su turno de participación durante el juego, y sin que se aleje de ellos, felicítelo por haber esperado su turno de participación.
2. Si el niño llora, se aleja o quiere ser el primero en el juego, ayúdelo. Intégrese usted junto con él a los demás niños, y acompáñelo en el juego. Por ejemplo, si juegan a las carreras, pídales que se formen por tamaños, ahora pídales que corran de dos en dos, hasta la meta. Espere que corran los primeros niños, si su niño demuestra tener deseos de ser él quien corra, dígale: "Espera, primero le toca a Juan y a Luis", si el niño espera a que corran los otros niños, felicítelo, y cuando le toque su turno, anímelo y dígale: "Ahora sí te toca a ti tu turno." Si el niño no entiende que debe esperar, explíquele que todo tiene un orden, que los juegos tienen ciertas reglas y que también los otros niños tienen que esperar su turno, en el momento que él corre. Ya que el niño ha entendido el porqué debe esperar su turno, retírese poco a poco de él, hasta que logre retirarse del juego, y lo presencie cerca de donde ellos juegan. Al terminar el juego felicite al niño si ha esperado su turno de participación, por lo menos durante 10 minutos de juego.

3. Es importante que usted observe cuáles son los juegos que más llaman la atención del niño, para procurar que sea en éstos los que juegue más veces y el niño participe más entusiasmado. No intente forzarlo a jugar a algo que no le gusta o con quien no le gusta, pues él solo paulatinamente va a seleccionar sus juegos y los niños con quien quiere jugar.

4. Poco a poco retire su ayuda, hasta que por sí mismo juegue con los demás niños por lo menos durante 10 minutos, respetando su turno de participación.

Subcategoría: Responde a la música

Objetivo 195

El niño marchará sobre una línea al compás de la música, siguiendo a un adulto o a otro niño, durante un minuto, en ocho de 10 ocasiones seguidas.

Material

Una grabadora o radio con la música que más le guste al niño.

252

Actividad y procedimiento

1. Ponga en el radio o la grabadora la música favorita del niño y pídale que se mueva al compás de la música, enseguida pídale que la siga a usted y marchen sobre una línea, que puede ser recta o curva (en círculo). Alabe al niño si la sigue por lo menos durante un minuto, felicitándolo y animándolo a que continúe haciéndolo.

2. Si el niño sólo se mueve en su lugar y no se anima a seguirla, tómelo de una mano y anímelo a que camine al ritmo de la música, si lo hace o intenta hacerlo, dígale: "Eso es, vas muy bien", puede aplaudir para animar más al niño. Jale suavemente al niño para que marche con usted a través de la línea, si el niño la sigue, suéltelo paulatinamente, sin dejar de moverse al ritmo de la música, por lo menos durante un minuto. Recuerde felicitarlo por seguirla.

3. Aproveche la ocasión en que haya una fiesta o reunión para animar al niño a marchar, durante el baile formen un círculo, lleve al niño junto con usted, y alábelo por participar en la marcha que se haga al ritmo de la música.
4. Acostumbre al niño a escuchar música, pruebe distintos ritmos de música: lenta o rápida, canciones infantiles o modernas, observe qué tipo de música le gusta más al niño, para que ésta sea la que le ponga más seguido.
5. Paulatinamente retire la ayuda que le da al niño, hasta que él espontáneamente marche sobre una línea al compás de la música, guiado por un adulto u otro niño, por lo menos durante un minuto.

Objetivo 196

El niño tocará suavemente instrumentos musicales al pedírselo, en tres de cinco ocasiones seguidas.

Material

253

Tambores (puede improvisarlos con latas o cajas de madera o cartón grueso), sonajas, un pandero, etcétera.

Actividad y procedimiento

1. Aproveche cualquier juego que realice con el niño para pedirle que toque algún instrumento musical suavemente. Si el niño lo hace correctamente, alábelo diciéndole: "Muy bien, estás tocando suavemente."
2. Si el niño no toca el instrumento suavemente, ayúdelo. Colóquese junto al niño, y toque un tambor suavemente, enséñele al niño cómo debe dar los golpes, despacio y sin producir mucho ruido, invite al niño a que él lo haga también diciéndole: "Ahora da los golpes así,

suavemente." Si el niño intenta dar los golpes suavemente, alábelo y anímelo a que continúe haciéndolo, diciéndole: "Eso es, así estás tocando suavemente." Si el niño no controla sus movimientos y los da fuertemente, tome al niño suavemente con sus manos, donde tiene los palitos para tocar su tambor y guíeselas hacia éste, tocando el tambor con golpes suaves, paulatinamente suelte las manos del niño, si intenta dar los golpes suavemente, alábelo y anímelo a que continúe dándolos.

3. Varíe los instrumentos que le muestre al niño para que produzca el sonido suavemente, como son: cascabeles, pandero, etc., si el niño intenta producir ruidos suaves con éstos, alábelo y anímelo a que continúe haciéndolo.

4. Paulatinamente retire la ayuda que le da al niño hasta que logre tocar instrumentos suavemente, cuando se lo pidan, por lo menos en tres de cinco ocasiones seguidas.

Objetivo 197

254

El niño tocará fuertemente instrumentos musicales al pedírselo, en tres de cinco ocasiones seguidas.

Material

Instrumentos musicales: tambor, maracas, pandero, etcétera.

Actividad y procedimiento

1. Aproveche cualquier juego que realice con el niño para pedirle que toque algún instrumento musical fuertemente, si el niño lo hace correctamente, alábelo diciéndole: "Muy bien, estás tocando fuertemente."

2. Si el niño no toca fuertemente el instrumento, ayúdelo. Colóquese junto al niño, y toque fuertemente un tambor, enséñele al niño cómo debe dar los golpes, produciendo mucho ruido, invite al niño a que él lo haga también, diciéndole: "Ahora da los golpes así, fuertemente." Si el niño intenta dar los golpes fuertemente,

anímelo a que continúe haciéndolo, diciéndole: "Eso es, así estás tocando fuertemente." Si el niño no da golpes fuertes ayúdelo, tome suavemente al niño de sus manos y guíeselas hacia el tambor, con los palitos toque el tambor con golpes fuertes, poco a poco suelte las manos del niño, si intenta dar golpes fuertes, alábelo y anímelo a que continúe dándolos.

3. Varíe los instrumentos que le muestre al niño para que produzca el sonido fuertemente, como son: cascabeles, pandero. etc., si el niño intenta producir ruidos fuertes con estos instrumentos, alábelo y anímelo a que continúe haciéndolo.

4. Paulatinamente retire la ayuda que le da al niño, hasta que logre tocar instrumentos fuertemente, cuando se lo pidan, por lo menos en tres de cinco ocasiones seguidas.

Objetivo 198

255

El niño tocará rápidamente instrumentos musicales al pedírselo en tres de cinco ocasiones seguidas.

Material

Instrumentos musicales: tambor, maracas, pandero, etcétera.

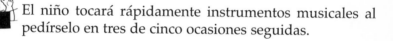

Actividad y procedimiento

1. Aproveche cualquier juego que realice con el niño para pedirle que toque algún instrumento musical rápidamente. Si el niño lo hace correctamente. Dígale: "Muy bien, estás tocando rápidamente."

2. Si el niño no toca el instrumento rápidamente, ayúdelo. Colóquese junto al niño, y toque un tambor rápidamente, enséñele al niño

cómo debe dar los golpes, produciendo ruidos rápidos, invite al niño a que él lo haga también, diciéndole: "Ahora tú da golpes así, rápidamente." Si el niño intenta dar golpes rápidamente, alábelo y anímelo a que continúe haciéndolo, diciéndole: "Eso es, así estás tocando rápidamente." Si el niño no da golpes rápidamente, ayúdelo. Tome al niño suavemente de sus manos, y guíeselas hacia el tambor, con los palitos toque el tambor con golpes rápidos, poco a poco suelte las manos del niño. Si intenta dar golpes rápidamente, alábelo y anímelo a que continúe dándolos.

3. Varíe los instrumentos que le preste al niño, para que produzca el sonido rápidamente, como son: cascabeles, sonajas, pandero, etc. Si el niño intenta producir ruidos rápidamente con estos instrumentos, anímelo a que continúe haciéndolo.

4. Gradualmente retire la ayuda que le da al niño, hasta que logre tocar instrumentos rápidamente, cuando se lo pidan, por lo menos en tres de cinco ocasiones seguidas.

Objetivo 199

El niño tocará lentamente instrumentos musicales al pedírselo, en tres de cinco ocasiones seguidas.

Material

Instrumentos musicales: tambor, maracas, pandero, etcétera.

Actividad y procedimiento

1. Aproveche cualquier juego que realice con el niño para pedirle que toque algún instrumento musical lentamente, si lo hace correctamente, dígale: "Muy bien, estás tocando lentamente."

2. Si el niño no toca el instrumento lentamente, ayúdelo. Enséñele cómo debe dar los golpes, produciendo ruidos lentos, invite al niño a que él los haga también, diciéndole: "Ahora tú da los golpes lentamente." Si el niño intenta dar golpes lentamente, alábe-

lo y anímelo a que continúe haciéndolo, diciéndole: "Eso es, así estás tocando lentamente." Si el niño no da los golpes lentamente, ayúdelo. Tome al niño de las manos suavemente y guíeselas hacia el tambor, con los palitos toque el tambor con golpes lentos. Paulatinamente suelte las manos del niño, si intenta dar los golpes lentamente, anímelo a que continúe dándolos.

3. Varíe los instrumentos que le preste al niño, para que produzca sonidos lentamente, como son: cascabeles, sonajas, pandero, etc. Si el niño intenta producir ruidos lentamente con estos instrumentos, alábelo y anímelo a que continúe haciéndolos.

4. Paulatinamente retire la ayuda que le da al niño, hasta que logre tocar instrumentos lentamente, cuando se lo pidan, por lo menos en tres de cinco ocasiones seguidas.

Objetivo 200

El niño dejará de tocar un instrumento musical a los cinco segundos de que la música ha dejado de sonar, en tres de cinco ocasiones seguidas.

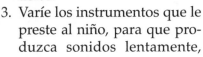

Material

Instrumentos musicales: tambor, maracas, pandero, etc., y un radio.

257

Actividad y procedimiento

1. Ponga la música que más le gusta al niño, y pídale que toque un instrumento al ritmo de la música, cuando la canción termine, si el niño deja de tocar el instrumento, alábelo diciéndole: "Eso es, la música terminó y tú también dejas de tocar tu música."

2. Si el niño continúa tocando su instrumento después de que la música ha dejado de tocar, dígale: "Cuando la canción termina, tú también terminas de tocar." Muéstrele cómo debe hacerlo: ponga la música nuevamente y toque el instrumento, después de que la música ha dejado de tocar, deje de tocar el instrumento, invite al niño para que haga lo mismo. Si intenta hacerlo alábelo y anímelo a que continúe haciéndolo, diciéndole: "Muy bien, así se deja de tocar cuando la música termina." Si el niño no deja de tocar cuando la música termina, ayúdelo. Tómelo suavemente de las manos y guíeselas hacia el tambor; con los palitos toque el tambor mientras la música suena, pero cuando la canción termine, retire de inmediato las manos del tambor. Nuevamente ponga la música y continúe ayudando al niño, pero paulatinamente suelte las manos del niño, y si inten-ta dejar de tocar cuando la música termine alábelo y anímelo a que continúe deteniéndose cuando la música termina.

3. Varíe constantemente la música que le pone al niño para que toque su instrumento, pero que sea del estilo que al niño más le gusta, cada vez que el niño deje de tocar el instrumento cuando termine la música, felicítelo.

4. Retire paulatinamente la ayuda que le da al niño, hasta que logre dejar de tocar su instrumento cinco segundos después de que la música ha dejado de tocar, por lo menos en tres de cinco ocasiones seguidas.

Subcategoría: Atiende y responde

Objetivo 201

El niño responderá correctamente a la pregunta *¿cómo te llamas?* o *¿cuál es tu nombre?*, en tres de cinco ocasiones seguidas.

Material

Un espejo grande.

Actividad y procedimiento

1. Aproveche cualquier actividad que realice con el niño para preguntarle: "¿Cómo te llamas?" Si el niño responde correctamente diciendo su nombre (puede decirlo sin apellidos), alábelo diciéndole: "Muy bien, así te llamas."

2. Si el niño no responde correctamente, ayúdelo. Colóquense frente a un espejo y dígale: "Tú te llamas (diga su nombre)", repítalo despacio y claramente para que el niño lo escuche bien. Enseguida pídale al niño que lo repita junto con usted. Nuevamente pregunte al niño: "¿Cómo te llamas?", si intenta responder con su nombre, anímelo a que lo termine de decir. Si el niño se queda callado, ayúdelo diciendo la primera sílaba de su nombre, diciéndole: "Te llamas Jo... (deje que él complete el nombre)", si el niño completa su nombre (José), anímelo a que continúe diciéndolo cada vez que se lo pregunten.

3. Pida a los demás miembros de su familia que cuando se dirijan al niño siempre lo llamen por su nombre, así él se acostumbrará a escucharlo y lo aprenderá más fácilmente.

4. Retire paulatinamente la ayuda que le da al niño, hasta que él logre responder correctamente cuando le pregunten *su nombre*, por lo menos en tres de cinco ocasiones seguidas.

Subcategoría: Habilidades del lenguaje

Objetivo 202

El niño actuará canciones de temas infantiles, en tres de cinco ocasiones seguidas.

Material

Una grabadora o radio con la música que más le guste al niño.

Actividad y procedimiento

1. Aproveche cualquier actividad que realice con el niño para pedirle que actúe una canción que esté escuchando. Si el niño actúa la canción dígale: "Muy bien, eso dice la canción."

2. Si el niño no actúa la canción que escucha, ayúdelo. Actúe junto con él la canción. Por ejemplo, si escuchan la canción de *Pim-pom*, invítelo a que realice todas las actividades que indica la canción:

   Pim-pom es un muñeco muy grande de cartón (simular que es grande).
   Se lava las manitas con agua y con jabón (simular lavarse las manos).
   Se desenreda el pelo, con peine de marfil (simular peinarse).
   Y si se da estirones, no llora ni hace así (simular llorar).
   Pim-pom también se baña (simular bañarse).
   Y se lava las piernitas (simular lavarse las piernas).
   Y con mucho cuidadito, limpia sus orejitas (simular limpiarse las orejas).
   Y cuando las estrellitas empiezan a salir (simular que salen las estrellas, abriendo y cerrando los puños de las manos).
   Pim-pom se va a la cama y se acuesta a dormir (simular dormirse).

3. Felicite al niño en cada intento que haga por seguir las acciones que dice la canción. Si el niño no realiza alguna de ellas, ayúdelo. Tómelo suavemente de sus manos y guíelo a hacer la acción, paulatinamente suelte las manos del niño para que él continúe haciéndolo.

4. Anime al niño para que cada vez que escuchen una canción infantil que se pueda actuar lo haga.

5. Poco a poco retire la ayuda que le da al niño, hasta que logre actuar canciones de temas infantiles, por lo menos en tres de cinco ocasiones seguidas

Nivel 5

De 48 a 60 meses

CATEGORÍA: LENGUAJE RECEPTIVO

Subcategoría: Realiza una orden simple

Objetivo 203

El niño realizará mandados fuera del hogar sin atravesar la calle en tres de cinco ocasiones seguidas.

Material

Objetos de peso mediano.

Actividad y procedimiento

1. Aproveche cualquier ocasión para pedirle al niño que haga un mandado fuera de la casa, como: llevar un objeto (por ejemplo: un suéter, un plato de plástico o cualquier objeto que no represente peligro para el niño) de un lado a otro. Pida que lleve el objeto con la vecina más cercana (que no tenga que atravesar la calle, bajar o subir demasiadas escaleras). Si realiza el mandado entregando el objeto, al regresar felicítelo, diciéndole: "Muy bien,

muchas gracias por llevar (diga el nombre del objeto) a (diga el nombre de la vecina)."

2. Si el niño no cumple con el mandado, ayúdelo. Al principio déle un objeto muy ligero y acompáñelo cerca de la casa de la vecina. Anímelo a que toque la puerta y entregue el objeto, cuando lo haga elógielo y anímelo a que siga haciéndolo, pídale a su vecina que agradezca al niño por llevarle el objeto. Poco a poco disminuya la distancia que acompaña al niño, hasta que logre caminar solo la distancia entre su casa y la casa de la vecina, y lleve él solo el objeto. Cuando regrese el niño alábelo y déle las gracias.

3. Siempre observe desde su casa que cumpla con el mandado; si observa que el niño se distrae o se detiene en el camino, anímelo desde su casa para que siga su camino.

4. No olvide elogiarlo y darle las gracias por su ayuda. Recuerde darle objetos que no representen peligro (como los de vidrio o los que son demasiado grandes), por si llega a tropezar o caer no pueda lastimarse con ellos.

Subcategoría: Señala las partes de su cuerpo

Objetivo 204

El niño señalará correctamente sus cejas cuando se le pida, en ocho de 10 ocasiones seguidas.

Material

Un espejo grande de mano, revistas o dibujos de niños.

Actividad y procedimiento

1. Colóquese frente al niño y pregúntele: "¿Dónde están tus cejas?" Si las identifica correctamente, dígale: "Muy bien, ahí están tus cejas."
2. Si el niño no las identifica, ayúdelo. Colóquese frente al niño y enséñele cuáles son, diciéndole: "Mira, éstas son tus cejas", al tiempo que toca las cejas del niño. Enséñele las de usted, diciéndole: "Éstas son las mías", al tiempo que se las toca.
3. Después coloque al niño frente al espejo y pregúntele dónde están sus cejas. Si acierta alábelo, si no, guíe su dedo índice hacia donde están, anímelo a que se las toque y alábelo, diciéndole: "Muy bien, ésas son tus cejas."

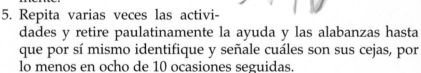

265

4. Varíe la actividad mostrando revistas o dibujos de niños y enséñándole cuáles son las cejas de los niños, después pregunte cuáles son las de él, recuerde elogiar cada vez que señale correctamente.
5. Repita varias veces las actividades y retire paulatinamente la ayuda y las alabanzas hasta que por sí mismo identifique y señale cuáles son sus cejas, por lo menos en ocho de 10 ocasiones seguidas.

Objetivo 205

El niño señalará correctamente sus pestañas cuando se le pida, en ocho de 10 ocasiones seguidas.

Material

Un espejo grande de mano, revistas o dibujos de niños.

Actividad y procedimiento

1. Colóquese frente al niño y pregúntele: "¿Dónde están tus pestañas?", si las identifica correctamente, alábelo diciéndole: "Muy bien, ahí están tus pestañas."

2. Si el niño no las identifica, ayúdelo. Colóquese frente al niño y enséñele cuáles son, diciéndole: "Mira, éstas son tus pestañas", al tiempo que toca las pestañas del niño. Enséñele también las de usted, diciéndole: "Mira, éstas son las mías", al tiempo que se las toca.

3. Después coloque al niño frente al espejo y pregúntele dónde están sus pestañas. Si acierta alábelo, si no, guíe su dedo índice hacia donde estén, anímelo a que se las toque y alábelo diciéndole: "Muy bien, ésas son tus pestañas."

4. Varíe la actividad mostrando revistas o dibujos de niños y enseñándole cuáles son las pestañas de los niños, después pregúntele cuáles son las de él, recuerde elogiarlo cada vez que señale correctamente.

5. Repita varias veces las actividades y retire gradualmente la ayuda y las alabanzas hasta que por sí mismo identifique y señale cuáles son sus pestañas, por lo menos en ocho de 10 ocasiones seguidas.

266

Objetivo 206

El niño señalará correctamente sus mejillas cuando se le pida, en ocho de 10 ocasiones seguidas.

Material

Un espejo grande de mano y revistas o dibujos de niños.

Actividad y procedimiento

1. Colóquese frente al niño y pregúntele: "¿Dónde están tus mejillas?" Si las identifica correctamente, alábelo, diciéndole: "Muy bien, ahí están tus mejillas."
2. Si el niño no las identifica, ayúdelo. Colóquese frente al niño y enséñele cuáles son, diciéndole: "Mira, éstas son tus mejillas", al tiempo que toca las mejillas del niño. Enséñele también las de usted, diciéndole: "Mira, éstas son las mías", al tiempo que se las toca.
3. Después coloque al niño frente al espejo y pregúntele dónde están sus mejillas. Si acierta alábelo, si no, guíe su dedo índice hacia donde están, anímelo a que se las toque y alábelo, diciéndole: "Muy bien, esas son tus mejillas."
4. Varíe la actividad mostrando varias revistas o dibujos de niños y enséñele cuáles son las mejillas de los niños. Después pregúntele cuáles son las de él, recuerde elogiarlo cada vez que las señale correctamente.

267

5. Repita varias veces las actividades y retire poco a poco la ayuda y las alabanzas hasta que por sí mismo identifique y señale cuáles son sus mejillas, por lo menos en ocho de 10 ocasiones seguidas.

Objetivo 207

El niño señalará correctamente sus codos cuando se le pida, en ocho de 10 ocasiones seguidas.

Material

Un espejo grande de mano y revistas o dibujos de niños.

Actividad y procedimiento

1. Colóquese frente al niño y pregúntele: "¿Dónde están tus codos?" Si los identifica correctamente, dígale: "Muy bien, ahí están tus codos."
2. Si el niño no los identifica, ayúdelo. Colóquese frente al niño y enséñele cuáles son, diciéndole: "Mira, éstos son tus codos", al tiempo que toca los codos del niño. Enséñele también los de usted, diciéndole: "Mira, éstos son los míos", al tiempo que se los toca.

3. Después coloque al niño frente al espejo y pregúntele dónde están sus codos. Si acierta alábelo, si no, guíe su dedo índice hacia donde están, anímelo a que se los toque y alábelo, diciéndole: "Muy bien, esos son tus codos."
4. Varíe la actividad mostrando revistas o dibujos de niños y enseñándole cuáles son los codos de los niños. Después pregúntele cuáles son los de él, recuerde elogiarlo cada vez que los señale correctamente.
5. Repita varias veces las actividades y retire gradualmente la ayuda y las alabanzas hasta que por sí mismo identifique y señale cuáles son sus codos, por lo menos en ocho de 10 ocasiones seguidas.

CATEGORÍA: LENGUAJE EXPRESIVO

Subcategoría: Pronuncia palabras

 Objetivo 208

El niño repetirá oraciones de cinco palabras o más, en ocho de 10 ocasiones seguidas.

Material

Una revista o cuento.

Actividad y procedimiento

1. Siéntese frente al niño y muéstrele una revista o cuento, anímelo a platicar sobre lo que ve, pase despacio las hojas y converse sobre lo que más llame la atención al niño, pregúntele sobre lo que ve, si el niño dice palabras sueltas únalas y forme una oración de cinco palabras, anímelo a que repita la oración mostrando nuevamente la ilustración. Si el niño repite la oración, alábelo diciéndole: "Muy bien, es (repita nuevamente la frase)", al tiempo que señala la ilustración.

2. Si el niño no repite una oración de cinco palabras, ayúdelo. Continúe hojeando la revista o cuento y una varias palabras de las que el niño ha pronunciado y forme una pequeña frase, por ejemplo: si el niño dice *perro*, usted diga: "Mira el perro", dígasela despacio y claramente y anímelo a que él la repita, mostrando nuevamente la ilustración del perro. Si al niño le cuesta trabajo repetirla, repítala junto con él, elogie cualquier intento que el niño haga por repetir la frase. Poco a poco aumente el tamaño de la frase, por ejemplo, diga: "Mira el perro", después: "Mira, el perro come", después aumente la frase y diga: "Mira, el perro come pan", y así aumente el tamaño de la frase conforme el niño repita cada frase completa. Recuerde alabar al niño cada vez que haga un intento o repita la frase completa.

3. Aumente sólo una palabra a la vez procurando que sean cortas y fáciles de pronunciar para él.

4. Corrija conforme a las posibilidades del niño, así si no puede decir perro correctamente, por no pronunciar la *rr* correctamente, no lo fuerce a pronunciarla, la intención es que diga las palabras para

formar gradualmente una frase. No olvide elogiarlo por cada palabra nueva que logre decir, y anímelo a seguir haciéndolo.
5. Paulatinamente disminuya la ayuda que le da al niño, hasta que logre repetir una frase de cinco o más palabras, por lo menos en ocho de 10 ocasiones seguidas.

Objetivo 209

El niño pronunciará los días de la semana, en ocho de 10 ocasiones seguidas.

Material

Una grabadora y un cassette.

Actividad y procedimiento

270

1. Colóquese frente al niño y pregúntele: "¿Cuáles son los días de la semana?" Si el niño pronuncia los siete días acertadamente, felicítelo besándolo y acariciándolo, al tiempo que le dice: "Muy bien, esos son los días de la semana."
2. Si el niño no sabe o no contesta, ayúdelo, diciendo: "Hoy es lunes." Asocie el día con alguna actividad que haga el niño ese día o a un lugar donde vaya los lunes, por ejemplo: "Hoy es lunes, los lunes vamos a la leche o hacemos la limpieza de la casa." Repita clara y lentamente la palabra *lunes*, espere a que el niño la repita y felicítelo cuando lo haga.
3. Durante todas las actividades que realice siempre los lunes, dígale que hoy es lunes y dígale la actividad que realiza.
4. Repita el mismo procedimiento para cada día de la semana. Al terminar de trabajar una semana, pregúntele: "¿Qué día es hoy?", alábelo si contesta correctamente. Si al niño aún se le dificulta dígale en voz baja cerca del oído la primera sílaba, por ejemplo: "lu…" y deje que él complete la palabra. Pregúntele después qué día sigue después del lunes, si acierta felicítelo, diciéndole: "Muy bien, sigue el martes", y continúe preguntándole qué día

sigue después del martes. Si el niño no sabe decir qué día sigue del lunes ayúdelo diciéndole en voz baja, cerca del oído, la primera sílaba: mar... y deje que él complete la palabra. Continúe así con todos los días de la semana.

5. Varíe las actividades, cante alguna canción que haga referencia a los días de la semana, ayúdese con la grabadora y repita continuamente la canción, en un principio tendrá que cantar junto con él para ayudarlo a aprender la canción y después dejarlo que la cante él solo.

6. Quizá lleve más de una semana que el niño aprenda los días de la semana y quizá también continuará cometiendo errores o confundiendo los días, pero no se desanime y corríjalo, diciéndole: "Hoy no es ese día, si ayer fue... hoy debe ser..."

7. Paulatinamente retire la ayuda, conforme el niño logre decir todos los días de la semana, por lo menos en ocho de 10 veces seguidas.

271

Objetivo 210

El niño diferenciará cuándo es de *mañana*, al preguntárselo, en ocho de 10 ocasiones seguidas.

Material

Dibujos o ilustraciones referentes a la mañana.

Actividad y procedimiento

1. Aproveche cualquier actividad que realice durante la mañana con el niño: bañarlo, vestirlo, desayunar, etc., trabaje antes de las 12:00 del día y durante la actividad pregúntele al niño: "¿Ahora es de mañana?" Si contesta acertadamente, alábelo diciéndole: "Muy bien, es de mañana."

2. Si el niño no contesta o no sabe, ayúdelo, diciendo: "Sí, es de mañana, porque acaba de amanecer, ya salió el sol, te acabas de despertar, vas a tomar tu desayuno", etc. Conteste adecuadamente todas las preguntas que el niño realice explicándole por qué es de mañana.

3. Varíe la actividad, muéstrele algunas ilustraciones donde sea de mañana (los niños vayan a la escuela, esté saliendo el sol, etc.), comente la ilustración con él y permita que la observe con detenimiento.

4. Repita varias veces las actividades y pregúntele continuamente durante la mañana: "¿Ahora es de mañana?", espere la respuesta y alábelo si acierta, anímelo a que diga por qué es de mañana, ayúdelo para que conteste correctamente y lo pueda felicitar.

5. No se desanime, quizá tarde varios días en diferenciar cuándo es de mañana, puede equivocarse o confundirse, pero continúe animándolo a aprender variando las actividades para facilitar su aprendizaje.

272

6. Recuerde retirar paulatinamente la ayuda hasta que logre diferenciar cuándo es de mañana al preguntárselo, por lo menos en ocho de 10 ocasiones seguidas.

Objetivo 211

El niño diferenciará cuándo es de *tarde*, al preguntárselo, en ocho de 10 ocasiones seguidas.

Material

Dibujos o ilustraciones referentes a la tarde.

Actividad y procedimiento

1. Aproveche cualquier actividad que realice durante la tarde con el niño, puede ser cuando estén comiendo, lavando los trastos,

etc., trabaje después de la 1:00 de la tarde y antes de que oscurezca. Pregúntele al niño: "¿Ahora es de tarde?, si contesta acertadamente, alábelo diciéndole: "Muy bien, es de tarde."

2. Si no contesta o no sabe, ayúdelo, diciendo: "Sí, es de tarde, porque ya vas a comer" o "acabas de llegar de la escuela", etc. Conteste adecuadamente todas la preguntas que el niño realice del porqué es de tarde.

3. Varíe la actividad, muéstrele algunas ilustraciones donde ya sea de tarde (donde los niños regresen de la escuela, una comida, las caricaturas que pasan por la tarde, etc.), comente la ilustración con él y permita que la observe con detenimiento.

4. Repita varias veces las actividades y pregunte continuamente durante la tarde: "¿Ahora es de tarde?", espere la respuesta y felicítelo si contesta acertadamente. Anímelo a que diga por qué es de tarde, ayúdelo para que conteste correctamente y pueda felicitarlo.

273

5. No se desanime, quizá tarde varios días en diferenciar cuándo es de tarde, pues puede equivocarse o confundirse, pero continúe animándolo a aprender variando las actividades para facilitar su aprendizaje.

6. Recuerde retirar paulatinamente la ayuda hasta que logre diferenciar cuándo es de tarde al preguntárselo, por lo menos en ocho de 10 ocasiones seguidas.

Objetivo 212

El niño diferenciará cuándo es de *noche*, al preguntárselo, en ocho de 10 ocasiones seguidas.

Material

Dibujos o ilustraciones referentes a la noche.

Actividad y procedimiento

1. Aproveche cualquier actividad que realice durante la noche con el niño, puede ser cuando vaya a merendar o cenar, se vaya a dormir, etc., trabaje después de que oscurezca, pregúntele al niño: "¿Ahora es de noche?", si contesta acertadamente, alábelo, diciéndole: "Muy bien, es de noche."

2. Si no contesta o no sabe, ayúdelo diciéndole: "Sí, es de noche, porque ya oscureció, ¡mira, ya salió la Luna!, ya vas a merendar o a cenar", etc. Conteste adecuadamente todas la preguntas que el niño realice del porqué es de noche.

3. Varíe la actividad, muéstrele algunas ilustraciones donde sea de noche (donde estén niños durmiendo, el cielo tenga estrellas y Luna, etc.), comente la ilustración con él y permita que la observe con detenimiento.

4. Repita varias veces las actividades y pregúntele continuamente durante la noche: "¿Ahora es de noche?", espere la respuesta y felicítelo si contesta acertadamente, anímelo a que diga por qué es de noche, ayúdelo para que conteste correctamente y lo pueda felicitar.

5. No se desanime, quizá tarde varios días en diferenciar cuándo es de noche, pues puede equivocarse o confundirse, pero continúe animándolo a aprender variando las actividades para facilitar su aprendizaje.

6. Recuerde retirar paulatinamente la ayuda hasta que logre diferenciar cuándo es de noche al preguntárselo, por lo menos en ocho de 10 ocasiones seguidas.

274

Objetivo 213

El niño pronunciará correctamente los nombres de las personas que conoce cuando se dirija a ellas, en ocho de 10 ocasiones seguidas.

Material

No se requiere material.

Actividad y procedimiento

1. Aproveche cualquier actividad que el niño realice en compañía de personas conocidas, como: mamá, papá, hermanos, tíos, primos, etc., y que conozca su nombre. Pida al niño que llame a alguna persona familiar, si el niño llama a la persona por su nombre, felicítelo, acaríciclo o béselo, diciéndole: "Gracias por llamar (el nombre de la persona)."

2. Si el niño no llama a la persona por su nombre, ayúdelo. Pida de nuevo que llame a una persona conocida, diciéndole: "Llama (diga el nombre de la persona)", antes de que el niño se vaya pregúntele: "¿A quién vas a llamar?" Espere a que responda, si dice el nombre de la persona que se le pidió, dígale: "Muy bien, ahora ve a llamarlo." Si al niño le cuesta trabajo decir el nombre de la persona, repita junto con él el nombre de la persona a quien deberá llamar, ayúdelo si aún hay alguna letra o sílaba en las que se equivoque, y enséñele cómo pronunciarlas correctamente. Cuando haya logrado pronunciar bien junto con usted pídale ahora que la llame, pero ya sin ayuda.

3. Observe desde lejos si el niño llama a la persona con el nombre correcto, si es así, cuando regrese el niño déle las gracias, diciéndole: "Gracias por llamar (diga el nombre de la persona)."

4. Varíe la actividad, aproveche la oportunidad de que haya varias personas conocidas por el niño para preguntarle: "¿Cómo se llama?, al tiempo que señala a una persona. Si dice correctamente el nombre de la persona, alábelo diciéndole: "Muy bien, se llama..." Haga lo mismo con cada una de las personas presentes.

5. Observe si en su plática o juegos con otras personas se dirige a ellas por su nombre, si no, ayúdelo a pronunciar correctamente el nombre y paulatinamente retire la ayuda, hasta que él logre por lo menos en ocho ocasiones seguidas dirigirse a las personas pronunciando sus nombres correctamente.

Objetivo 214

El niño utilizará correctamente la expresión *ayer*, en ocho de 10 veces seguidas.

Material

No se requiere material.

Actividad y procedimiento

1. Aproveche cualquier actividad que realice con el niño durante el día para platicar con él. Pregúntele sobre alguna actividad que el niño haya realizado el día anterior, por ejemplo, ¿cuándo te bañaste?, ¿cuándo comiste pescado?, ¿cuándo fuiste al parque?, ¿cuándo te pusiste la camisa azul?, etc. Si el niño contesta correctamente a su pregunta alábelo, diciéndole: "Muy bien, fue ayer."

2. Si el niño no contesta correctamente, nuevamente realice la pregunta, por ejemplo: ¿cuándo te pusiste la camisa azul? Si el niño no contesta o se equivoca, ayúdelo, diciéndole: "Acuérdate bien cuándo te pusiste la camisa azul, ¿te acuerdas que te la pusiste con tu pantalón de mezclilla?", etc., recuérdele cosas que haya hecho o le hayan sucedido. Pregúntele nuevamente: "¿Cuándo te pusiste la camisa azul?", si contesta correctamente alábelo y dígale: "Muy bien, fue ayer."

3. Recuerde que sólo puede hacerle preguntas sobre el día anterior, no le pregunte

sobre cosas sucedidas en días anteriores a ayer, pues si lo hace sólo logrará confundirlo.

4. Otra forma de ayudarlo es observar si durante alguna plática él dice algo que le haya sucedido el día anterior. No interrumpa su plática si usa correctamente la palabra *ayer*, pero si se confunde y dice *mañana* u *hoy*, corríjalo, diciendo: "No, eso te pasó ayer, ¿te acuerdas?", anímelo a que continúe su plática, diciéndole: "A ver, cuéntanos qué más hiciste ayer."

5. Paulatinamente retire la ayuda que le da, hasta que por sí mismo en su plática o ante alguna pregunta relacionada con el día anterior, use correctamente la expresión *ayer*, por lo menos en ocho de 10 veces seguidas.

Objetivo 215

El niño utilizará correctamente la expresión *hoy*, en ocho de 10 veces seguidas.

Material

277

No se requiere material.

Actividad y procedimiento

1. Aproveche cualquier actividad que realice con el niño durante el día para platicar con él. Durante la plática pregúntele sobre alguna actividad que haya realizado ese día, como: ¿Cuándo comiste helado de fresa?, ¿cuándo fuiste al parque?, etc. Si el niño contesta correctamente a su pregunta alábelo, diciéndole: "Muy bien, fue hoy."

2. Si el niño no contesta correctamente, nuevamente realice la pregunta, por ejemplo: ¿cuándo desayunaste licuado de fresa? Si el niño no contesta o se equivoca, ayúdelo, diciéndole: "Acuérdate bien cuándo desayunaste licuado de fresa, ¿recuerdas que dijiste que te gustaba mucho?, ¿también recuerdas que se te derramó un poco en la mesa?", etc. Recuérdele cosas que haya hecho o que le hayan sucedido ese día. Pregúntele después: "¿Cuándo comiste helado de fresa?" Si contesta correctamente alábelo y dígale: "Muy bien, fue hoy."

3. Recuerde que sólo puede hacerle preguntas sobre cosas que hayan sucedido ese mismo día, no realice preguntas relacionadas con cosas sucedidas en días anteriores, pues si lo hace sólo logrará confundirlo.

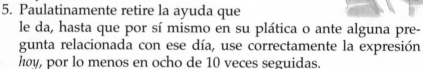

4. Otra forma de ayudarlo es observar si durante su plática él dice algo que le haya sucedido ese día. No lo interrumpa si usa correctamente la palabra *hoy*, pero si se confunde y dice *ayer* o *mañana*, en lugar de *hoy*, corríjalo, diciéndole: "No, eso te pasó hoy, ¿te acuerdas?", anímelo a que continúe su plática, diciéndole: "A ver, cuéntanos qué más hiciste hoy."

5. Paulatinamente retire la ayuda que le da, hasta que por sí mismo en su plática o ante alguna pregunta relacionada con ese día, use correctamente la expresión *hoy*, por lo menos en ocho de 10 veces seguidas.

Objetivo 216

El niño utilizará correctamente la expresión *pronto*, en ocho de 10 veces seguidas.

Material

No se requiere material.

Actividad y procedimiento

1. Aproveche cualquier actividad que realice con el niño para platicar con él. Hágale preguntas en las que el niño tenga que responder con la expresión *pronto*, por ejemplo, ¿cuándo viene tu

papá? Si el niño en su respuesta incluye la expresión pronto, alábelo, diciéndole: "Muy bien, ya va a venir pronto."

2. Si el niño no usa la expresión pronto, ayúdelo. Explique al niño que la palabra *pronto* quiere decir que ya no falta mucho tiempo para que sucedan las cosas, y déle ejemplos, como: tu papá va a llegar pronto de trabajar, tu tía va a venir pronto a visitarnos. Si algún familiar sale, utilice la expresión *pronto* para decirle: "Vienes pronto." A continuación realice alguna pregunta al niño en la que pueda usar la expresión pronto, si incluye esta expresión en sus respuestas, felicítelo. Pero si aún no la utiliza adecuadamente déle usted la respuesta, y nuevamente realice la pregunta, alabando al niño cada intento o respuesta correcta que diga.

3. Varíe la actividad, ahora observe si durante su conversación con otras personas (niños o adultos) usa adecuadamente la expresión pronto. Si es así, no interrumpa su plática, pero si aún se confunde corríjalo y anímelo a que continúe su plática, diciéndole: "¿Entonces viene pronto?, platícanos quién va a venir pronto."

279

4. Paulatinamente retire la ayuda que da al niño hasta que él solo en sus conversaciones o ante alguna pregunta relacionada con el tiempo, use correctamente la expresión *pronto*, por lo menos en ocho de 10 veces seguidas.

 Objetivo 217

El niño utilizará correctamente la palabra *aquí*, en ocho de 10 ocasiones seguidas.

 Material

Objetos y juguetes del niño.

Actividad y procedimiento

1. Aproveche cualquier actividad que realice con el niño, como por ejemplo: limpiar la casa, lavar la ropa, etc. Durante la actividad pregúntele al niño sobre algún objeto que se encuentre cerca de él, como: ¿dónde esta tu lápiz?, ¿dónde dejaste tu coche?, etc. Puede también realizar preguntas sobre las personas que están cerca de él, como: ¿dónde está tu hermano?, o bien, preguntarle: dónde está él, diciéndole: "¿Dónde está (decir el nombre del niño)?" Si el niño, ante cualquiera de sus preguntas, contesta adecuadamente alábelo, diciéndole: "Muy bien, aquí está, o aquí estás."

2. Si el niño no contesta correctamente, nuevamente realice la pregunta, como: ¿dónde está tu lápiz?, o cualquier otro objeto, si el niño no contesta o contesta equivocadamente, ayúdelo, diciendo: "Acuérdate bien dónde lo dejaste, ven vamos a buscarlo juntos", búsquenlo juntos y cuando lo encuentren dígale. "¡Mira, aquí está!" Realice otra pregunta en la que busque otro objeto, pero ahora sólo acompáñelo a buscarlo y cuando lo vean deje que sea el niño quien diga: "¡Aquí está!", alabe cualquier intento que haga por decirlo, diciéndole: "Muy bien, lo encontraste aquí."

3. Pregunte siempre por objetos que sean fáciles de encontrar y que no impliquen algún riesgo para él al estarlos buscando.

4. Otra actividad es colocar varios objetos en una mesa, e ir preguntando por ellos uno a uno, por ejemplo: ¿dónde está el perro?, espere a que el niño busque y cuando lo encuentre espere a que diga: "Aquí está", alábelo, diciéndole: "Muy bien, aquí está." Si el niño no responde correctamente, ayúdelo, diciéndole: "Mira, aquí está" y enseguida pregúntele: "¿Dónde está?", y espere a que sea él quien diga: "Aquí está", alábelo por cualquier intento que haga por decirlo.

5. Paulatinamente retire la ayuda, hasta que por sí mismo use la expresión *aquí*, durante su plática o ante alguna pregunta realizada, por lo menos en ocho de 10 ocasiones seguidas.

Objetivo 218

El niño utilizará correctamente el adverbio *cerca*, en ocho de 10 veces seguidas.

Material

Objetos y juguetes del niño.

Actividad y procedimiento

1. Aproveche cualquier actividad que realice con el niño, como salir a comprar el pan o la leche, ir al mercado, etc., ya que haya elegido una actividad, como por ejemplo ir a la panadería, y estando cerca de ésta (como media cuadra antes), pregúntele al niño: "¿Falta mucho para llegar a la panadería?, ¿ya está cerca?" Si contesta correctamente alábelo, diciéndole: "Muy bien, ya estamos cerca de la panadería."

281

2. Si el niño responde incorrectamente o no contesta, ayúdelo. Así, por ejemplo, cuando vayan llegando a la panadería dígale: "Ya estamos cerca de la panadería." Utilice otros lugares, y cuando ya estén por llegar coméntele que ya están cerca del lugar al que están por llegar. Después, cuando vayan llegando a algún lugar, realice nuevamente la pregunta: "¿Estamos cerca de la panadería?" Si responde correctamente felicítelo, diciéndole: "Muy bien, ya estamos cerca." Continúe preguntando por otros lugares y alabe al niño cada vez que conteste correctamente.

3. Varíe la actividad, ahora practique con objetos que estén cerca de él, por ejemplo, si están en la cocina y su plato de comida está cerca de él pregúntele: "¿Tu

plato está cerca o lejos de ti?", felicítelo si contesta correctamente, y si no es así, ayúdelo diciéndole: "Mira, tu plato está cerca, pero tu vaso no, pues está lejos de ti." Practique con diferentes objetos que se encuentren cerca de él.

4. Recuerde alabar al niño cada vez que conteste correctamente. Recuerde también preguntar por objetos que estén realmente cerca de él.

5. Paulatinamente retire la ayuda, hasta que el niño utilice correctamente el adverbio *cerca*, en ocho de 10 veces seguidas

Objetivo 219

El niño utilizará correctamente el adverbio *detrás*, en ocho de 10 veces seguidas.

Material

Objetos y juguetes del niño.

Actividad y procedimiento

1. Aproveche cualquier actividad que realice con el niño para trabajar con él. Cuando el niño se encuentre parado o sentado en un lugar específico, pregúntele por algún objeto que se encuentre detrás de él, diciéndole: "¿Dónde está (mencione el nombre del objeto)?" Si el niño responde correctamente con la palabra detrás, alábelo, diciéndole: "Muy bien, está detrás de ti."

2. Si el niño no responde correctamente, ayúdelo, diciéndole: "Fíjate muy bien lo que hay detrás de ti", espere a que voltee, menciónele el nombre de cada una de las cosas que hay detrás de él, ahora pregúntele nuevamente: "¿Dónde está (mencione el nombre de algún objeto que esté detrás de él)?", alábelo si responde correctamente con la palabra *detrás*. Si el niño sólo señala el objeto, corríjalo, diciéndole: "Sí, está detrás de ti, pero no sólo tienes que señalar, di *detrás*", alabe cualquier intento que haga por decir *detrás*.

3. Siempre pregunte por cosas que estén exactamente detrás de él, así no lo confundirá.
4. Observe si durante su plática con usted o con otras personas utiliza *detrás*, al hacer referencia a algo o alguien que se encuentra detrás de él. Si lo utiliza correctamente no interrumpa su plática, pero si se equivoca o confunde, ayúdelo corrigiendo adecuadamente lo que trata de decir, diciéndole: "Acuérdate bien, estaba detrás..."
5. Paulatinamente retire la ayuda que le da, hasta que por sí mismo use la palabra *detrás*, durante su plática o ante alguna pregunta, por lo menos en ocho de 10 ocasiones seguidas.

CATEGORÍA: SOCIALIZACIÓN

Subcategoría: Juego acompañado

Objetivo 220

El niño participará en el juego con otros niños, en un tiempo mayor a 10 minutos, en tres de cinco veces seguidas.

Material

Juguetes de los niños.

Actividad y procedimiento

1. Aproveche la visita de familiares, amigos o vecinos para que el niño juegue con ellos. Espere a que el grupo de niños se integre y comience a jugar, si el niño se integra al juego de ellos y permanece jugando con ellos por lo menos 10 minutos, sin que se aleje o llore, felicítelo al terminar el juego, por haber jugado con ellos.

2. Si el niño llora o se aleja sin querer jugar con los demás niños, intégrese junto con el niño a los demás y anímelos a jugar a la "rueda, rueda", tome de la mano al niño y anímelo a que él tome la mano de otro niño, y todos juntos inicien el juego y gradualmente retírese del niño. Ahora en lugar de tomarle la mano a usted, anímelo a que tome la mano de otro niño, y continúen el juego, vaya retirándose del niño, hasta que logre retirarse completamente del juego, y lo presencie cerca de donde ellos juegan, sin intervenir. El tiempo que el niño juega con otros niños debe ir aumentando cada vez más, hasta que el niño logre participar en juegos con otros niños, por lo menos durante 10 minutos. Felicite al niño por cada intento que haga por jugar con los demás niños.

3. No se desespere si el niño las primeras veces dura poco tiempo jugando con otros niños, quizá tarde algunos días en jugar junto a ellos durante 10 minutos. Es importante que usted observe cuáles son los juegos que más llaman la atención del niño, para procurar que sean éstos los que se jueguen más veces y el niño participe con más entusiasmo.

4. Paulatinamente retírese de él, y deje también que sea él quien se acerque a los demás niños y se integre al juego. No intente forzarlo a jugar a algo que no le gusta o con quien no le gusta jugar.
5. Recuerde felicitarlo cada vez que juegue con otros niños y también por permanecer más tiempo con ellos, esto lo animará a hacerlo más seguido.

Objetivo 221

El niño practicará juegos imaginarios con otros niños, en cuatro de cinco veces seguidas.

Material

Los juguetes del niño.

Actividad y procedimiento

1. Aproveche la visita de familiares, amigos o vecinos para que el niño juegue con ellos. Espere a que el grupo de niños se integre y comience a jugar, si su niño se integra al juego y participa en juegos imaginarios (como: imaginar ser la mamá o el papá, o la maestra de la escuela, etc.), cuando regrese pregúntele al niño: "¿A qué jugaron?", y felicítelo si él interviene en esos juegos imaginarios con otros niños.
2. Si el niño no practica juegos imaginarios con otros niños, ayúdelo. Juegue con él en su casa, pídale que elija el juego en el que desea participar y, de acuerdo con lo que haya elegido, anímelo a imaginar qué más podrían hacer, inviten a jugar a sus hermanos, vecinos o primos. Retírese de ellos, hasta que logre que el niño y los demás jueguen solos. Obsérvelos a una

distancia corta, pero de tal manera que ellos no puedan verla, si su niño participa con los demás, al terminar el juego felicítelo por jugar con los otros niños.

3. Proporcione a los niños los materiales y espacios necesarios para jugar, permítales jugar en el patio o en el cuarto donde duerme el niño; déjelos usar los juguetes, cuidando que no los maltraten o destruyan. También puede permitirles objetos como trapos, periódicos, botes, etc. No les permita objetos que puedan lastimarlos o peligrosos, como son: tijeras, cerillos, cuchillos, etcétera.

4. Retírese de los niños, para que ellos solos inicien e imaginen sus juegos, pero no los descuide, manténgase a una distancia donde pueda observar que están bien.

Observaciones

Lo importante en los juegos imaginarios es que se les permita una fantasía creativa e imaginativa (sin riesgo) y que se les permita expresar lo que piensan.

286

Objetivo 222

El niño compartirá sus juguetes con otros niños, en cuatro de cinco veces seguidas.

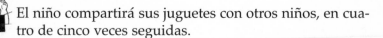

Material

Los juguetes del niño.

Actividad y procedimiento

1. Aproveche la visita de familiares, amigos o vecinos para que el niño juegue con ellos; espere a que el grupo de niños se integre y comience a jugar. Si el niño les presta sus juguetes a los niños, sin llorar, cuando se los pidan o tomen, al finalizar el juego felicítelo por jugar con los niños y compartir sus juguetes.

2. Si el niño no comparte sus juguetes, enséñele que es positivo hacerlo. Intégrese al grupo de niños que están jugando y anime al niño a que preste su juguete, diciéndole: "Mira, si tú le prestas tu juguete a (diga el nombre del niño), él te va a prestar su juguete a ti", felicítelos diciéndoles: "Eso es, ya ven cómo todos podemos compartir nuestros juguetes." Anímelos a que sigan jugando, al término del juego felicítelo por haber prestado su juguete a otros niños.

3. Retírese del juego de los niños y ya desde afuera del juego anime al niño a compartir sus juguetes con los niños que vayan a visitarlo, hasta que por sí mismo comparta sus juguetes con otros niños, por lo menos en cuatro de cinco veces seguidas.

287

Subcategoría: Atiende y responde a lo que hacen los adultos

Objetivo 223

El niño se interesará en historias que le relaten y pedirá que se las relaten otra vez, tres veces en una semana.

Material

Cuentos o revistas infantiles.

Actividad y procedimiento

1. Aproveche cualquier actividad que realice con el niño para relatarle una historia o cuento (no muy largo), pero que sea de gran

interés para él. Si al terminar de contárselo, el niño muestra interés en que se lo cuenten otra vez o en que le cuenten otro, alábelo y relátele otro cuento corto.

2. Si el niño no muestra interés en el cuento que le relató, observe cuáles son los animales o juguetes que al niño le llaman más la atención, para saber qué le interesa al niño y poder relatarle un cuento de acuerdo con sus intereses. Ayúdese de láminas o de dibujos que el mismo cuento tenga. Al contárselo, haga mímica con los personajes (gesticulando en forma exagerada, para así llamar la atención del niño), y también utilice un tono de voz no muy bajo para que así el niño pueda escucharla perfectamente.

3. Durante la narración haga que el niño participe, haciéndole preguntas sobre lo que le está contando y anímelo a imaginar qué es lo que sigue. Cada vez que el niño responda a una de las preguntas que le haga, alábelo diciéndole: "Muy bien, le pasó… al…"

4. No deje que se aburra el niño, debe evitar contar un cuento largo, y el cuento debe ser de interés para el niño. Haga participar al niño realizando preguntas sobre el cuento y mostrándole las ilustraciones que contenga éste.

5. Si el niño muestra interés en que se lo cuenten otra vez o en que le cuenten otros, complázcalo. Si no puede contárselo en ese momento, explíquele que lo hará mas tarde y cúmplalo.

Objetivo 224

El niño ayudará a los quehaceres del hogar, por lo menos dos quehaceres al día.

Material

Utensilios de limpieza de la casa.

Actividad y procedimiento

1. Aproveche la ocasión en que el niño esté presente mientras realiza los quehaceres del hogar, para pedirle que le ayude a hacer algunos de los más sencillos, como: barrer, limpiar la mesa, guardar la ropa, poner los trastos en su lugar, etc. Si el niño coopera con usted, alábelo, diciéndole: "Muy bien, así se barre, o ahí se guarda el..."

2. Si el niño no coopera con usted en algunos quehaceres, porque no sabe cómo realizar la actividad, demuéstrele al niño cómo puede hacerlo. Dígale: "Así puedes barrer, o limpiar la mesa", etc. Si al niño se le dificulta hacerlo, ayúdelo.
   Tómelo suavemente de sus manos y guíelo hacia la acción de lo que tenga que hacer, paulatinamente suelte las manos del niño, y si intenta hacerlo él solo, alábelo y anímelo a que continúe haciéndolo.

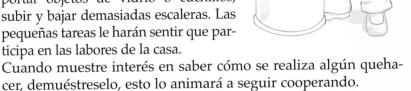

3. Procure pedirle al niño que haga los quehaceres más sencillos, y en el que demuestre interés en cooperar. No le deje tareas ni responsabilidades en las que él pueda correr peligro, como transportar objetos de vidrio o cuchillos; subir y bajar demasiadas escaleras. Las pequeñas tareas le harán sentir que participa en las labores de la casa.
   Cuando muestre interés en saber cómo se realiza algún quehacer, demuéstreselo, esto lo animará a seguir cooperando.

Bibliografía

Bereiter, C. y S. Engelman, *Enseñanza especial preescolar*, Fontanella, Barcelona, España, 1977.

Bijou, S. W. y E. Rayek, *Análisis conductual aplicado a la instrucción*, Trillas, México, 1980.

Cabrera, M. C. y C. Sánchez Palacios, *La estimulación precoz. Un enfoque práctico*, Pablo del Río editor, Colección Síntesis, Madrid, España, 1980.

Currículum de estimulación precoz del instituto panameño de habitación especial y consejo operativo panameño de estimulación temprana, Programa regional de estimulación precoz, PROCEP, UNICEF, Piedra Santa, Guatemala, 1981.

Damián, D. M., *Detección y tratamientos tempranos en niños con síndrome de Down*, tesis de maestría, ENEP, Iztacala, UNAM, México, 1990.

Delval, J., *Crecer y pensar*, Paidós, Barcelona, España, 1991.

Dmitriev, V., *Workshop on educational intervention for children with Down syndrome*, Seattle, Washington, EUA, 1980.

_____, *Educación temprana y el síndrome de Down*, Programa regional de estudios tempranos, UNICEF, México, 1981.

_____, *Time to begin*, Caring Publisher, EUA, 1983.

Furth, H. G., y H. Wachs, *La teoría de Piaget en la práctica*, Buenos Aires, Argentina, 1978.

Hanson, M. J., *Teaching your Down's syndrome infant: A guide for parents*, University Park Press, Baltimore, EUA, 1977.

_____, *Programa de intervención temprana para niños mongólicos. Guía para padres*, Servicio internacional de información sobre subnormales, editores, San Sebastián, España, 1980.

_____, "An analysis of the effects of early interventions services for infants and toddlers with moderate and servere handicaps", en *Topics in early childhood special education*, verano, pp. 36-51, 1985.

BIBLIOGRAFÍA

Naranjo, C., *Ejercicios y juegos para mi niño de cero a seis años*, Programa de estimulación precoz para Centroamérica y Panamá, PROCEP, UNICEF, Piedra Santa, Guatemala, 1981.

_____, *Ejercicios y juegos para mi niño de cero a tres años*, Programa de estimulación precoz para Centroamérica y Panamá, PROCEP, UNICEF, Piedra Santa, Guatemala, 1981.

Nieto Ríos., G., *Guía para la intervención temprana. Protocolo de evaluación. Instructivo de aplicación*, Aguirre y Beltrán, México, 1987.

Oelwein, P. L., R. R. Fewll y J. B. Ruess, "The efficacy of intervention at outsach sites of the program for children with Down Syndrome and other Developmental Delays", en *Topics early childhood special education*, 5:2, verano, pp. 78-87, 1985.

"Paquete psicopedagógico del niño", en *Especialidad en desarrollo del niño*, División de estudios de postgrado, Facultad de Psicología, UNAM, inédito, México, 1978.

Resnick, L. B., M. C. Wang y J. Kaplan, "Task analysis in curriculum design: a Hierarchically secuenced introductory mathematics curriculum", en *Journal of Applied Behavior Analysis*, vol. 6, núm. 4, pp. 679-710, 1973.

Rayek Ely y Elizabeth Nesselroad, "Aplicación de los principios conductuales a la enseñanza de la escritura, la ortografía y la composición", en Sidney W. Bijou y E. Rayek, *Análisis conductual aplicado a la instrucción*, Trillas, México, 1980.

Salvador, J., *La estimulación precoz en la educación especial*, CEAC, Barcelona, España, 1987.

Toro, A., B. y C. M. Rodríguez, "El desarrollo mental a través de la familia. Manual de actividades de estimulación psicológica para niños de cero a 24 meses de edad", en *Revista Educación hoy*, Perspectivas latinoamericanas, año VIII, núm. 15, pp. 17-70, 1978.

Johnson-Martin, N., Jens, G. Kenneth, Susan M. Attermeier y Bonnie J. Hacker, *Currículo Carolina. Evaluación y ejercicios para bebés y niños pequeños con necesidades especiales*, TEA, Madrid, España, 1991.

Índice analítico

La publicación de esta obra la realizó
Editorial Trillas, S. A. de C. V.

División Administrativa, Av. Río Churubusco 385,
Col. Pedro María Anaya, C.P. 03340, México, D. F.
Tel. 56 88 42 33, FAX 56 04 13 64

División Comercial, Calz. de la Viga 1132, C.P. 09439
México, D. F., Tel. 56 33 09 95, FAX 56 33 08 70

Se terminó de imprimir el 30 de agosto del 2002,
en los talleres de Rodefi Impresores, S. A. de C. V.
Se encuadernó en Impresos Terminados Gráficos.

BM2 80 RW